MENSCHEN. MOTOREN. MOBILITÄT.

150 JAHRE STRASSENBAHN IN DRESDEN

MENSCHEN. MOTOREN. MOBILITÄT.

150 JAHRE STRASSENBAHN IN DRESDEN

VORWORT

150 Jahre Straßenbahn in Dresden – einer bewegenden Kraft auf der Spur

Wie viele Kilometer liegen zwischen einer Striegelbürste für Pferde und einem Smartphone? Wie viele Generationen liegen zwischen einem Hufschmied und einem Softwareingenieur, dessen programmierter Algorithmus Mobilitätsangebote nach tatsächlichem Bedarf in Echtzeit optimiert? Wie rückt man Dörfer und kleine Orte an eine große Stadt heran, ohne sie zu verschieben? Die Antworten können kaum in Zahlen gegeben werden. Doch sind sie erzählbar in großen und kleinen Ereignissen, menschlichen Biografien, Anekdoten und Erlebnissen. Die Dresdner Verkehrsbetriebe laden Sie ein zu einer Reise durch die Geschichte des Engagements und der Leidenschaft von Menschen für Mobilität und Moderne.

150 Jahre Mobilität

Anlass ist ein Jubiläum der Dresdner Straßenbahn. 150 Jahre ist es her. Am 26. September 1872 striegelte ein Stallbursche um 5 Uhr in der Frühe seine beiden Haflinger mit der Bürste für ihre erste Linienfahrt mit der Pferdebahn, die zwischen Blasewitz und Plauen eröffnet und als sogenannte Continental-Pferde-Eisenbahn bezeichnet wurde. Von nun an hatte die Stadt Dresden einen ersten öffentlichen Personennahverkehr, dessen Spuren zwar noch gelegentlich von dampfenden Pferdeäpfeln und einem Wiehern markiert wurden, aber trotzdem einen ersten großen Schritt wagte in Richtung einer neuen Moderne des Personentransports. Heute sind es – gleichwohl nach viel menschlicher Vorarbeit – ein paar Klicks am Computer, und ein Verkehrsmodell hilft beim Planen neuer Streckenführungen. Wie ist so etwas möglich?

Fünf Generationen

Dieses Buch möchte Geschichte erzählen und Geschichten. Die Verkehrsbetriebe sind seit 150 Jahren eine treibende Kraft für die Mobilität in Dresden – und eine Gemeinschaft für Generationen von Mitarbeitenden, die in guten und in schwierigen Zeiten dafür sorgen, dass der Betrieb am Laufen bleibt, sich weiterentwickelt und Impulse in die Stadt hinein setzt. Menschen mit Spezialwissen. Menschen, die im Alltag Heldenhaftes leisten. Menschen, die improvisieren können. Menschen, die strategisch denken und handeln. Menschen, die sich um andere kümmern. Menschen, die bahnbrechende Erfindungen machen. Dass der Dresdner Nahverkehr heute über Deutschland hinaus großes Ansehen genießt, verdanken wir ihnen, ihrem Wissen, ihrem Können und ihrem Engagement. Tauchen Sie ein in eine Erzählung über Leidenschaft für die Mobilität in Dresden.

Der Kutscher Johann Korf, der Ihnen in den Folgekapiteln mit seiner Familie begegnet, ist zwar eine fiktive Person, die es so oder ähnlich aber hundertfach gegeben hat.

Ihren 150. Geburtstag feierte die Dresdner Straßenbahn im September 2022 mit einem Korso aus 14 Fahrzeugen vor der historischen Altstadtkulisse.

150 Jahre Moderne

Das Jahr 1872 fällt in den Beginn der industriellen Gründerzeit in Deutschland. Die Gemächlichkeit des 19. Jahrhunderts wurde überall abgelöst von Beschleunigung, technologischer Entwicklung, neuen Berufen und bald auch von einer neuen Energieform: der Elektrizität. Der öffentliche Nahverkehr in Dresden, wie auch in anderen Städten, ist von Anfang an kein Anhängsel einer Entwicklung, sondern Innovator, Evolutions- und Kompetenztreiber für die Anwendung neuer Technologien und für die Ausbildung eines immer wieder neuen Denkens der Mobilität.

Eine Fahrt in Richtung Zukunft: Einsteigen bitte!

Nach Pferdebahn, Elektrifizierung, zwei großen Kriegen und der Wendezeit nach 1989 stehen wir heute wieder am Beginn einer neuen Epoche. Das 21. Jahrhundert hat Fahrt aufgenommen mit der Digitalisierung und den Herausforderungen eines neuen Energiemanagements. All das wirft ein völlig neues Licht auf die Notwendigkeit und die Aufgaben des ÖPNV in Dresden. Die Dresdner Verkehrsbetriebe möchten weiterhin Innovator und Taktgeber sein – aufbauend auf den gesammelten Erfahrungen einer lebendigen Geschichte. Denn auch die kommenden Jahre und Jahrzehnte bleiben bewegend, ideenreich und voller Leidenschaft – immer in voller Fahrt voraus.

Wir wünschen spannende Einblicke, viele Entdeckungen und neue Perspektiven bei der Lektüre.

Das Redaktionsteam

Strehlen

1872–1905

DRESDEN VON GEMÄCHLICH BIS ELEKTRISCH

DRESDEN – EINE STADT, DIE SCHON IMMER IN BEWEGUNG WAR. GESTERN. HEUTE. MORGEN.

Mit welchen Namen und Gesichtern können wir die Personenbeförderung in Dresden beginnen lassen? Und wie viele sind es? Hunderte? Tausende? Einige wenige sind in Dokumenten oder auf Fotos überliefert. Die meisten anderen sind es nicht. Sie bleiben namenlose Dienstleister für die wachsenden Mobilitätsbedürfnisse im Zeitalter der Industrialisierung Dresdens.

Der Stallmeister Johann Korf und die Stute Klara

Starten wir deshalb mit dem Blick in einen Pferdestall im Dresdner Vorort Blasewitz im Jahr 1847. Dort sehen wir einen Kutscher. Nennen wir ihn Johann Korf. Er hält das Bein einer Ardenner-Stute umfasst, der wir ebenfalls einen Namen geben: Klara.

Die alte Pferdedame kennt die Prozedur. Routiniert hat sie ihre vordere Fessel nach hinten eingeknickt und ihr Schienbein auf das Knie von Johann Korf gelegt. Er schabt mit einer harten Wurzelbürste geduldig Dreck und kleine Steinchen von den Hufen der Stute. Sie hat für heute frei, doch morgen wird sie wieder ziehen müssen – den Pferdeomnibus von Blasewitz zur Pillnitzer Straße.

Dresden – eine Schönheit mit mehreren Anfängen

Doch bevor wir der Stute Klara weiter auf ihren Hufspuren folgen, gibt es noch etwas Wichtiges über Dresden zu erzählen. Die Geschichte der berühmten Stadt an der Elbe beginnt innerhalb der Zeitläufe mehrmals. Zunächst prägt Friedrich August I. als »August der Starke« ab 1694 die Residenzstadt als weltläufiges Prunkwunder samt Canaletto-Blick und barocker Architektursilhouette.

August der Starke

1694 wird der kunstsinnige Kurfürst und Mäzen Nachfolger seines Bruders Johann Georg IV. Unter seiner Herrschaft wird Dresden zur bewunderten Perle des Barock.

Wenn das der berühmte venezianische Maler Bernardo Bellotto alias Canaletto noch hätte erleben dürfen – ein Canalettoblick mit Straßenbahn!

Ein zweiter Startpunkt könnte das 19. Jahrhundert als große Entwicklungs- und Modernisierungsepoche Dresdens sein – vom Rückbau der Stadtmauern über die erste Deutsche Ferneisenbahn Leipzig – Dresden im Jahr 1839 bis zu den Stadterweiterungen während der Industrialisierung. Dresden hat Kanonenkugeln und Feuersbrünste gesehen, Pestzeiten, Hungersnöte und Bombergeschwader erlebt. Umso stärker wiegen die bleibenden Zeichen, die der Stadt ihre Eigenart und ihren Charakter verliehen haben. Die Personenbeförderung zählt zu diesen bleibenden Zeichen – denn sie prägt als Zugpferd und Motor die Stadtentwicklung entscheidend mit.

Festungsanlagen um 1800: Mit der weitgehenden Abtragung der gewaltigen Festung bis 1829/30 schufen die Dresdner viel Raum für die schnell wachsende Industriemetropole.

Ein kurzer Blick zurück

Das Leben in Dresden ist lange in gesellschaftliche Stände unterteilt, aber die gegenseitigen Abhängigkeitsverhältnisse drängen es zu einem Mikrokosmos zusammen. Dienstmädchen, Boten, Wäscherinnen, Stallknechte und Fuhrleute leben in engen Mansardenzimmern oder teilen sich den knapp bemessenen Platz mit Kindern, Enkeln und Großeltern. Handwerksbetriebe wie Schmiede, Instrumentenbauer oder Schuster bewirtschaften mit ihren Werkstätten kleine Stadthinterhöfe, während Händler oder Beamte die Beletagen der repräsentativen Stadthäuser bewohnen. Auf den Straßen und Plätzen der Stadt begegnet ein Spaziergänger oder eine Spaziergängerin also auf engstem Raum der ganzen Bandbreite des städtischen Lebens – vom freundlichen Blumenmädchen bis zum todgeweihten Tuberkulosekranken.

Sänfte, bitte!

Um 1705 herum konnten sich wohlhabende Dresdner mit dem wahrscheinlich ältesten und edelsten Taxi der Stadtgeschichte bequem und sauber von A nach B tragen lassen. Heute kann man die Sänfte im Verkehrsmuseum in Dresden bewundern.

Die erste Personenbeförderung – mit der Sänfte sauber bleiben

Doch wie können elegante Damen mit ihren aufwendig gearbeiteten Kostümen unbeschadet durch verschmutzte Straßen wandeln? Wie können Ministerialbeamte vor ihren König treten, ohne Hühnerkot auf dem Parkett zu hinterlassen? Die Sänfte als Tragestuhl für kleine städtische Wege bietet einen Ausweg. 1705 nimmt der Ratsherr Johann Friedrich Landsberger den Betrieb von vier »Portechaisen« (deutsch: Tragestühlen) auf. Wer es sich leisten kann, lässt sich nun mit der Sänfte von A nach B tragen. Das Sänftenträgergeschäft bleibt bis zu Beginn des 19. Jahrhunderts das einzige echte stadtgebundene Personenbeförderungsmittel – bis allmählich Kutschen, Zweispänner oder Fiaker das Geschäft des städtischen Nahverkehrs übernehmen.

Die Raumexplosion – von der Vorstadt zur Großstadt

Mit dem Beginn der frühindustriellen Epoche beginnt auch die Neuordnung der städtischen Räume. Die Befestigungsanlagen sind nutzlos und werden abgerissen. Die Bombardierung der Stadt durch die Preußen im Siebenjährigen Krieg hat endgültig gezeigt, dass sie keinen Schutz vor der Artillerie mehr bieten. Stattdessen wächst das Bedürfnis, sich öfter und schneller zu bewegen. Dörfer und Gemeinden vor den Toren der Stadt werden eingemeindet und damit zugleich Siedlungs- und Wachstumsregionen für eine schlagartig wachsende Stadt geschaffen.

Außer Wäscheleinen kaum Bebauung: Wo die erste Pferdebahnlinie der roten Gesellschaft 1891 hinfährt, entsteht erst in den Folgejahren ein Villenviertel in Striesen.

Der Verkehrspuls steigt

Dresden nimmt ab den 1830er Jahren ordentlich Fahrt auf. Dabei wird nicht nur der Rhythmus des Verkehrs stetig schneller, es wird auch immer mehr gebaut, und die Bevölkerung wächst und wächst und wächst. Der industrielle Aufschwung macht's möglich.

Dieses Wachstum bekommt ein Gesicht: Neue Brücken, Straßen, Verkehrsachsen, Innenstadtumgehungen und Ausfallstraßen verändern jetzt die ehemals beschauliche Residenzstadt zu einer sächsischen Industrie-, Hochschul- und Residenzmetropole. Aus Gassen werden Wege, aus Wegen die ersten Verkehrsnetze.

Gut durchgebürstet

Eines der wichtigsten Werkzeuge für Stallmeister und Kutscher wie Johann Korf – die Pferdebürste. Sie sorgt für sauberes Fell und gute Laune bei den vierbeinigen Kollegen.

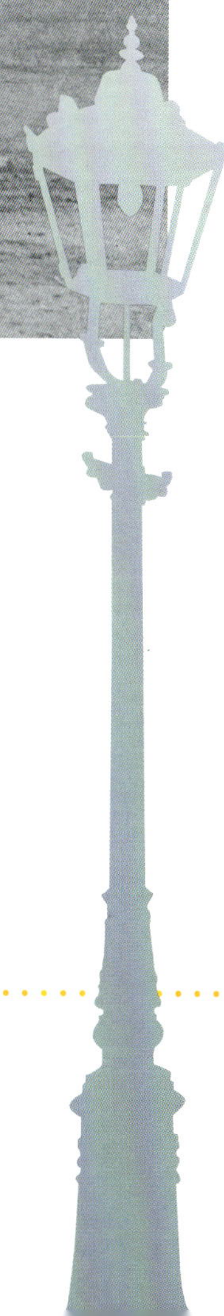

Für 10 Pfennig ging es mit der Pferdeomnibuslinie der Dresdner Fuhrwesengesellschaft vom Schlossplatz zum Hauptbahnhof und später bis zur Reichenbachstraße. Die Teilstrecke Schlossplatz – Victoriahaus kostete 5 Pfennig. Den 5-Pfennig-Omnibus gab es noch bis 1913.

Ein Trommelwirbel der Moderne – der Pferdeomnibus!

Mit Droschken alleine gelangen die Dresdner schon bald nicht mehr an ihr Ziel. Ingenieure, Architekten oder Maschinenbauer steigen stattdessen in geräumigere Pferdeomnibusse, um zur Arbeit zu kommen.

Dynamisches Dresden: Mit den Eingemeindungen ehemaliger Randbereiche und Vororte wächst die Bevölkerungszahl innerhalb eines Jahrhunderts rasant.

Automobile oder motorgetriebene Lkw erscheinen erst ganz am Ende des 19. Jahrhunderts auf der Bildfläche. Zwar fahren zwischen den Städten bereits von Dampfloks gezogene Eisenbahnen. Doch alle übrigen Wege und innerstädtischen Transportaufgaben obliegen noch eine lange Zeit dem guten alten Pferd und den Kutschern.

Rush Hour am Altmarkt

Kutschen, eilige Passanten, Passantinnen und Pferdebahnwagen – auch im beschaulichen 19. Jahrhundert gilt die Devise: »Wie gomm ich schnell heeme?«

Der große Paukenschlag 1872 – die Dresdner Pferdestraßenbahn auf Schienen

Linienomnibusse, die von Pferden gezogen werden, haben zwar einen Akzent gesetzt, doch letztlich sind sie nicht sehr leistungsstark und für ärmere Bevölkerungsschichten noch nicht erschwinglich. Ihr Fassungsvermögen ist zu gering, und das Fahren über die unebenen Straßen kostet die Pferde Kraft und verlangsamt das Tempo. Doch die weiterhin wachsende Bevölkerung und der Bedarf nach einer guten innerstädtischen Mobilität für Arbeitnehmerinnen und -nehmer verlangt nach besseren Lösungen.

Unser Kutscher Johann Korf ist inzwischen in Rente gegangen, doch sein Wissen über den Umgang mit Pferden hat er weitergegeben an seinen Sohn Albert. Dieser ist jetzt Kutscher einer der ersten Pferdestraßenbahnen in Dresden.

DRESDEN WIRD ZUM HOTSPOT DES MOBILEN FORTSCHRITTS

Die Pferdebahn ist Vorreiter der heutigen Straßenbahn – allerdings mit sehr begrenztem Platz und wenig Pferdestärken.

Europäischer Wissenstransfer und importierte Kompetenz

Die Vorteile einer schienengeführten Fortbewegung sind zu jener Zeit bereits bekannt. Schienen reduzieren den Rollwiderstand und führen das Verhältnis von Transportleistung, Kraftaufwand und Verschleiß in einen rentablen Bereich. Die Zuglast, die Pferde mit Schienenwagen bewegen, steigert sich auf das Zwei- bis Dreifache eines gewöhnlichen Wagens auf holprigem Untergrund. Dennoch: Kaum ist man sich dieses Vorteils bewusst, klopft auch schon der nächste Entwicklungssprung an Dresdens Tür – und der kommt von der britischen Insel.

Ein Engländer in Dresden und sein Angebot

Die Engländer besitzen als erste Ingenieure für Dampfmaschinen, Bergwerke und Eisenbahnen Europas die meisten Erfahrungen mit technischen Details von Schienenanlagen. Sie versuchen, ihr Know-how auch den Dresdner Ratsherren zu verkaufen. Warum nicht? Eine wachsende Stadt mit starkem Beförderungsbedarf – hier muss doch ein Geschäft zu machen sein! Nach vielen verschiedenen Bewerbern und erfolglosen Konzessionsverhandlungen gelingt es am Ende einem Geschäftsmann aus London, den Rat zu überzeugen. Der gebürtige Amerikaner Arnold von Etlinger hat erkannt, dass die Pferdeomnibusse in der prächtig florierenden Stadt ihre Kapazitätsgrenze erreicht haben und nicht mehr rentabel sind.

Es lockt ein großes Geschäft. So groß, dass er den skeptischen Ratsherren ein attraktives Zugeständnis macht: Er baut die Pferdestraßenbahn und räumt der Stadt das Recht ein, die Straßenbahn nach Ablauf von 50 Jahren zu kaufen oder sich zu verpflichten, »dass der Herr Unternehmer die Bahn nebst Betriebseinrichtungen abreiße und beseitige, auch die davon berührten Straßen und Plätze auf seine Kosten wieder in den vorigen Stand versetze«. Die Stadt verdient dabei an den Konzessionsgebühren und Einnahmen mit und trägt ansonsten keinerlei Risiko. Die Dresdner schlagen ein. Die Bauarbeiten starten sofort – ein Meilenstein im ÖPNV und vor allem in der Stadtentwicklung Dresdens.

Die moderne Personenbeförderung wird in die Spur gesetzt

Am 26. September 1872 eröffnet die »Continental-Pferde-Eisenbahn-Aktiengesellschaft« die erste Pferdestraßenbahn Dresdens von Blasewitz zum Pirnaischen Platz. Mit dem Pferdebahnhof Blasewitz, der an der Tolkewitzer Straße im Stadtteil Neugruna liegt und an diesem Tag eingeweiht wird, entsteht zugleich der erste Straßenbahnhof seiner Art in Dresden – ein Startsignal für die Bildung eines breiten Nahverkehrsnetzes, eng verbunden mit der zügigen Entwicklung einer wachsenden Stadt. Noch im Jahr der Eröffnung des Straßenbahnhofs folgt im November 1872 bereits der zweite Streckenabschnitt vom Pirnaischen Platz zum Böhmischen Bahnhof (heute Hauptbahnhof), und im März 1873 der dritte mit dem Endhaltepunkt in Plauen.

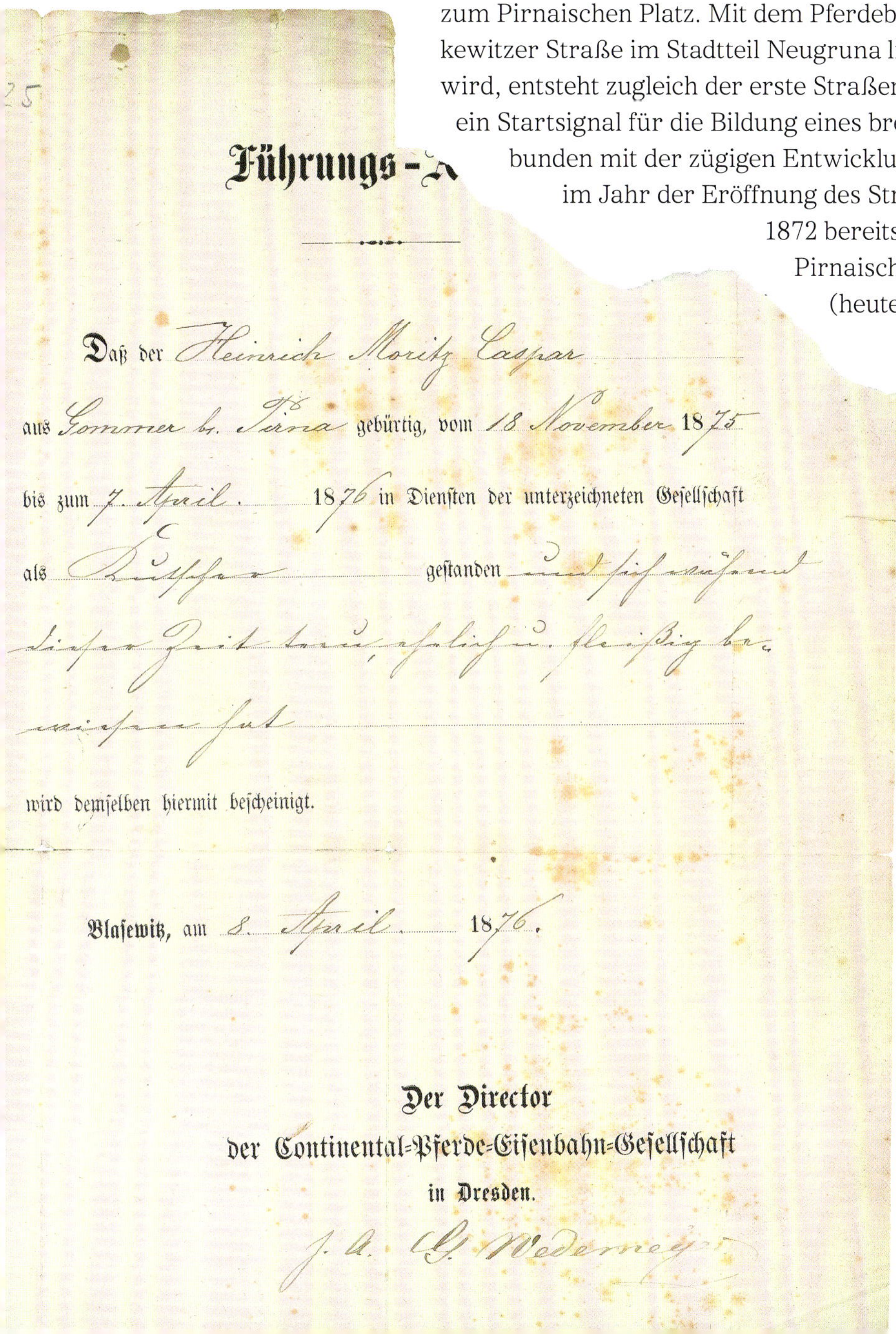

25

Führungs-

Daß der Heinrich Moritz Caspar

aus Gommer b. Pirna gebürtig, vom 18 November 1875

bis zum 7. April 1876 in Diensten der unterzeichneten Gesellschaft

als Kutscher gestanden und sich während

dieser Zeit treu, ehrlich u. fleißig bewiesen hat

wird demselben hiermit bescheinigt.

Blasewitz, am 8. April 1876.

Der Director
der Continental-Pferde-Eisenbahn-Gesellschaft
in Dresden.

i. A. G. Wedemeyer

Schienen entwickeln sich

Bereits zu Zeiten des Pferdebahnbetriebs entwickeln sich Schienenprofile stetig weiter. Das vordere Rillenschienenprofil folgt auf die erste (hintere) Variante und wird fortan in gepflasterten oder asphaltierten Straßen verwendet. Es bildet den Vorläufer heutiger Schienenprofile.

Einfach so hinters Steuer, pardon, auf den Bock steigen und losfahren geht auch im 19. Jahrhundert nicht. Wer als Pferdekutscher arbeiten will, braucht erst einen ordentlichen Führerschein, beziehungsweise – wie hier – ein Führungszeugnis des Arbeitgebers.

Die Linie hat nun eine Gesamtlänge von beachtlichen 9,9 Kilometern und verkehrt von 6 bis 24 Uhr. Die Fahrtzeit von Blasewitz bis Plauen beträgt 45 Minuten. Das bedeutet mehr Geschwindigkeit und Komfort. Denn auf Schienen rüttelt der Wagen nicht mehr so stark, und die Pferde können manche Teilabschnitte schneller und leichter bewältigen. Die Fahrpreise liegen je nach Streckenabschnitt zwischen 10 und 25 Pfennig, was in etwa dem Preis eines halben oder ganzen Roggenbrots entspricht.

Doch warum gerade Blasewitz? Weil der Vorort im 19. Jahrhundert vor allem von wohlhabenden Menschen bewohnt wird. Eben diese sind es zu Beginn, die die Pferdebahn nutzen, weil sie es sich leisten können. Die Bewohner und Bewohnerinnen von Blasewitz haben einen recht niedrigen Steuersatz zu entrichten, was den Bau einer Villa in dieser Gemeinde deutlich attraktiver macht. Mit der Errichtung der Pferdebahnlinie ist die Blasewitzer Bevölkerung nun an Dresden angebunden. Zu dieser Zeit ahnt noch niemand, dass der Vorort rund 50 Jahre später nach Dresden eingemeindet wird.

Städtische Bürokratie, Gründerkrise und Verzögerungen

Die Dresdner Straßenbahn, oder – wie sie damals noch heißt – die Continental-Pferde-Eisenbahn-Aktiengesellschaft, ist ein Meilenstein für die städtische Entwicklung. Die Linie Blasewitz–Plauen ist über das ganze Jahr gut ausgelastet und entwickelt sich geschäftlich erfolgreich. Doch das Straßenbahngeschäft zwischen Stadtverwaltungen und Aktiengesellschaften ist neu und bleibt nicht ohne Widerstände. Etlinger will weitere Linien konzessionieren lassen, aber die Stadtverwaltung stellt sich zunächst quer und hält die Pferdeomnibuslinien für ausreichend.

Darüber hinaus kommt es zu Verstimmungen zwischen dem Engländer Etlinger und den Ratsherren. Denn die Stadt regiert mit immer mehr Betriebsvorschriften und finanziellen Abgaben in das Geschäft hinein und schmälert damit den Gestaltungsraum sowie die Gewinnmarge des Unternehmers. Die Bedingungen für neue Linienkonzessionen erscheinen Etlinger so ungünstig, dass er die Verhandlungen im Jahr 1875 abbricht. Zudem verschlechtert eine erste allgemeine

Für die Pferdebahn reichen noch flache Rillenschienen auf hölzernem Unterbau.

Wirtschaftskrise, die sogenannte Gründerkrise, das Investitionsklima. Für Etlinger ist das Dresdner Geschäft damit beendet.

Wissen Sie, wo das ist? Klar, der Albertplatz um 1885 herum. Mit der gelben Gesellschaft geht es Richtung Waldschlösschen oder auch ganz gediegen mit Stock und Hut zum Flanieren in Richtung Postplatz.

Ein neues Gesicht, ein neues Jahrzehnt und neue Linien

Die Gründerkrise von 1873 hat ihren Tiefpunkt bald überwunden. Die Verkehrsbedürfnisse aller europäischen Städte sind weiter gewachsen. Ein anderer Engländer und sehr geschickter Geschäftsmann namens Alfred Perrish hat in London die »Tramways Company of Germany Limited« gegründet und pachtet 1879 die Linie Blasewitz–Plauen von der Betreiberaktiengesellschaft. »Ich habe Perrish gestern Abend bei einer öffentlichen Veranstaltung reden hören«, erzählt Albert Korf abends seiner Frau.

1883 betrieb die Tramways Company folgende Linien:

Blasewitz – Böhmischer Bahnhof	7,19 km
Plauen – Postplatz	2,99 km
Löbtau – Postplatz	2,60 km
Waldschlösschen – Postplatz	4,02 km
Arsenal – Böhmischer Bahnhof	5,02 km
Georgplatz – Neustädter Bahnhöfe	2,67 km
Pieschen – Postplatz	3,46 km
Bautzner Straße – Reichsstraße	4,38 km
Strehlen – Neumarkt	4,05 km

Längst hat er die Weiterbildung für die Pferdestraßenbahnen hinter sich und fährt nun regelmäßig die Linie Plauen – Blasewitz. »Der Perrish tickt anders als Etlinger, das merkt man. Er kann sich besser auf die speziellen Verhältnisse in unserer Stadtverwaltung einstellen. Und clever wie er ist, hat er sich im Umkehrschluss das Recht gesichert, den Bau und den Betrieb weiterer Linien in unserer Stadt zu starten. Sei's drum – wenn er es gut macht, soll's mir recht sein.« So entstehen unter der Tramways Company in den nicht einmal fünf Jahren bis 1883 weitere Pferdebahnverbindungen. Im Jahr 1895 befördert allein die Tramways Company in Dresden 24,7 Millionen Fahrgäste – und einige davon brachte Albert Korf ans Ziel.

Die Geburt des Pendlers in Dresden

Immer mehr Menschen müssen von ihren Wohnbezirken aus zu ihren Arbeitsplätzen in den Industriezentren pendeln, wo die Fabriken mit ihren kohlefeuernden Schornsteinen stehen. Weil die Arbeitnehmer irgendwie von zuhause in die Betriebe gelangen müssen, werden Verkehrsplanung und Personenbeförderung zu wichtigen Themen der Stadtentwicklung.

Die ledernen Haltegriffe mit edlen Beschlägen spiegeln die Wohnzimmeratmosphäre der gut betuchten Gesellschaft wider.

Straßenbahnbau als Stadtentwicklung

Dass die Dresdner Ratsherren auch bei Alfred Perrish in die privatwirtschaftlichen Betriebsinteressen der Straßenbahngesellschaft immer stärker hineinregieren, geschieht nicht aus Missgunst oder überbürokratischer Regulierungswut. Vielmehr zwingt die Dynamik des städtischen Wachstumsgeschehens die Ratsherren Dresdens in eine ganzheitliche Bearbeitung des Zusammenhangs zwischen Verkehr, Wegeplanung und Bebauung. Hier will und muss die Stadt mitgestalten und auch die längerfristige Stadtentwicklung im Auge behalten. Dass die Ratsherren dabei kräftig mitverdienen, ist aber nicht von der Hand zu weisen.

Die Abstimmungen im Stadtrat mit einer eigenständig agierenden englischen Straßenbahngesellschaft gestalten sich dabei nicht immer einfach. Oft kommt es zu Interessenkonflikten. Die Company will Geld verdienen, die Stadt übernimmt zunehmend die Verantwortung bei der planerischen Gestaltung der neuen Mobilität. Die Ratsherren der Stadt erkennen, dass es eine zweite Straßenbahngesellschaft braucht, deren Betrieb von innerstädtischen Kapitalgebern geleitet wird und eng an die stadtplanerischen Interessen angebunden bleibt.

Die Belegschaft der deutschen Straßenbahngesellschaft versammelt sich 1899 feierlich zum gemeinsamen Foto. Vom Direktor bis zum Kondukteur sind alle da.

Wettbewerb in Rot und Gelb

Und so geschieht es auch: Am 8. November 1889 gründet sich eine »Deutsche Straßenbahngesellschaft« mit Kapitalgebern aus Dresden. Diese kann vor allem kommunale Perspektiven und Bedürfnisse berücksichtigen und den Netzausbau noch schneller vorantreiben. Jetzt hat die Stadt mehr Einfluss beim Streckenbau und im Betrieb.

Ein eingeschworenes Team

Vorsteher Böhmer und seine Kollegen der AG Dresdner Straßenbahn (vorher Tramways Company) um 1898.

Die englische Tramways Company hat nun also neue Konkurrenz, die mit eigenen Linien das Pferdebahnnetz erweitert. Bereits 1893 betreibt die Deutsche Straßenbahngesellschaft fast 61 Kilometer Gleise. In diesem Zuge sind nun auch Orte wie zum Beispiel Trachenberge an das Netz angebunden, für die man noch keine genaue Einschätzung zum Fahrgastaufkommen geben kann.

Fortan konkurrieren zwei Straßenbahngesellschaften um Streckengebiete und bringen eine neue Dynamik in den Wettbewerb. Die Wagen der »englischen« Gesellschaft erhalten einen gelben Anstrich, während die Wagen der Dresdner Straßenbahngesellschaft in roter Farbe über die Straßen rumpeln. So tauft der Dresdner Volksmund diese Linien alsbald als »gelbe Linie« und »rote Linie«.

Neues Leben, neue Berufe, neue Stadt – der Straßenbahnkutscher

Der Beruf des Pferdekutschers steigt mit der Pferdestraßenbahn auf eine völlig neue Stufe. Wenn wir uns an unseren Stallmeister Johann Korf erinnern, der mit seiner Stute Klara gelegentlich auch als Kutscher tätig gewesen war, so arbeiten die neuen Pferdebahnkutscher wie etwa sein Sohn Albert jetzt unter dem Dienstaufsichtsregiment einer Gesellschaft. Bei Wind und Wetter halten sie die Zügel ihrer 110 Tiere stramm, die vor 20 große und vier kleine Straßenbahnwagen gespannt werden. Der Monatsverdienst liegt je nach Dienstjahren zwischen 60 und 70 Reichsmark, was dem Gehalt eines qualifizierten Facharbeiters entspricht. Als Straßenbahner der »gelben Linie« trägt Albert eine graue Uniform mit blauem Kragen, die mit Metallknöpfen verziert ist.

Ein Tag im Leben des Straßenbahnkutschers Albert Korf

- **5 Uhr** .... Einspannen, Pflege und Fütterung der Pferde
- **6 Uhr** .... Arbeitsbeginn – es geht los
- **9.30 Uhr** ..... Zeit, die Pferde zu wechseln
- **12 Uhr** .... Mittagspause für Pferd und Mensch
- **12.30 Uhr** .... Wieder steht ein Pferdewechsel an
- **15.30 Uhr** .... Der letzte Pferdewechsel des Tages
- **18.30 Uhr** .... Abspannen und Reinigung der Pferde sowie des Geschirrs

Der Straßenbahnkutscher als Multitalent

»Die Arbeit eines Pferdestraßenbahners ist kein Zuckerschlecken«, erzählt Albert Korf nicht ohne Stolz, wenn die Verwandtschaft zum Sonntagskaffee vorbeikommt. Sie weiß längst, was er als nächstes sagen wird. Kaum hat er das erste Stück Eierschecke auf der Gabel, tischt er voller

Um 1886 herum gilt es auf Fotos noch ernst und feierlich zu schauen. Daran hält sich auch das stolze Fahrpersonal der gelben Gesellschaft im September 1886 auf dem damaligen Pferdebahnhof Striesen, Geisingstraße.

Ladies and Gentlemen

Gut gekleidete Damen und Herren sitzen einmütig auf dem Pferdebahndecksitzwagen der Linie Blasewitz-Böhmischer Bahnhof mit properen Spitzenvorhängen. Das Foto dürfte inszeniert gewesen sein, denn Damen durften nicht oben sitzen, weil dies nach dem damaligen Geschlechterbild als unschicklich galt.

Stolz jeden Sonntag die gleiche Geschichte auf. »Bei Wind und Wetter musst du vorne auf dem Kutschbock die Stellung halten. Das ist nicht jedermanns Sache, beileibe nicht! Du musst ein Gespür für die Tiere haben, ihr Verhalten lesen und beeinflussen. Und dann auch noch die Straße im Auge behalten! Was glaubt ihr, was für Armleuchter jeden Tag die Straße kreuzen! Kein Wunder, dass ich immer die Hand abwechselnd an der Wagenbremse und an der Metallstange habe, mit der ich gegen eine Kuhglocke schlage. Damit die Leute rechtzeitig hören: Hier kommt etwas Großes auf Schienen!«

Der Schaffner oder Kondukteur

Etwas angenehmer hat es der Schaffner, der im Dienst ebenfalls eine Uniform trägt und sich im hinteren Teil des Wagens um die Platzierung der Fahrgäste kümmert, Fahrscheine verkauft und den Kutscher über Sichtprüfungen der Außenbereiche bei den Haltepunkten unterstützt.

Der letzte seiner Art

Noch schnell ein Erinnerungsfoto mit Heinrich Mädler, dem letzten Hufschmied der AG Dresdner Straßenbahn machen, bevor die neue Zeit anbricht. Das denkt sich wohl das Fahrpersonal mit Pferdebahndecksitzwagen auf dem Bahnhof Blasewitz.

Mit der gelben Doppeldeckerstraßenbahn geht es von der Kreuzkirche flott in Richtung Goldener Reiter.

Ein neuer Wirtschaftszweig lässt die Stadt lebendig werden

Bis in das Jahr 1893 hinein haben die beiden Pferdestraßenbahngesellschaften in gegenseitiger Konkurrenz ein Schienennetz für 17 Linien mit einer Gesamtlänge von fast 90 Kilometern verlegt. Allein bei der Deutschen Straßenbahngesellschaft sind 368 Beschäftigte fest angestellt, davon 243 im Fahrdienst. Außerdem sorgen 379 Pferde für die nötige Zugkraft bei der »roten Linie«.

GAS, DAMPF, ELEKTRIZITÄT – DRESDEN NIMMT FAHRT AUF

Im mittleren und späten 19. Jahrhundert weht ein Neuerungsgeist, der dem Zeitalter der Digitalisierung ähnelt. Was heute Smartphones und Software bedeuten, sind zu jener Zeit die neuen Maschinen und Anlagen. Man traut der Wissenschaft und Technik alles zu. Die Pleuel und Zahnräder, die Feuer und Dampfkessel der industriellen Revolution, die neuen Erkenntnisse zur Physik, Mechanik und Elektrizität drängen nach ganz neuen Anwendungen.

Einer der ersten elektrischen Straßenbahnwagen der Firma Siemens & Halske auf der Pfotenhauerstraße.

Vom mobilen Luxus zur Jedermanns-Fahrt

Anfänglich gibt es auf den Streckenabschnitten verschiedene Linientarife zu 15, 20, 25 und 30 Pfennig pro Fahrt. Diese Idee wurde von der Tramways Company aus Amerika übernommen. Doch mit dem weiteren Ausbau des Netzes wird die Berechnung für Umsteiger, Kurzfahrer und Mehrfachnutzer der Bahnen zu kompliziert und zu teuer.

Deshalb gibt es ab 1886 Zeitkarten, die auf allen Strecken gelten. Diese Karten kosten 200 Mark für ein Jahr, 110 Mark für ein halbes Jahr und 60 Mark für das Vierteljahr. Außerdem verkaufen die Schaffner auch »Streifenkarten« zu 15 Fahrten für 2 Mark. Die Anpassung der Tarife ist dabei eine soziale Frage. Die Arbeiter müssen zu den Fabriken kommen. Damit ihnen das schnell und unkompliziert gelingt, brauchen sie die Straßenbahn.

Die Bahnen werden spätestens jetzt zu »Jedermanns-Bahnen« – damit wächst die Zahl der Fahrgäste schlagartig, und letztlich steigt auch der Gewinn der Unternehmen. Das Ergebnis: 1895 befördert die »gelbe Linie« insgesamt 24,7 Millionen Fahrgäste, während die »rote Linie« 1,3 Millionen Mark einnimmt – zwei Zahlen, die die Rentabilität und Zukunftsfähigkeit des Konzepts Straßenbahn zeigen.

Das Rütteln und Schütteln der Motoren überzeugt nicht

Auch in Dresden folgen zahlreiche Experimente mit neuen Antriebstechniken. 1894 befahren vier Wagen mit Gasmotoren die Strecke Albertplatz – Neustädter Bahnhöfe – Wilder Mann mit

Mit Vollgas über Pieschen in Richtung Albertplatz mit dem ersten Gasmotorwagen.

einer Geschwindigkeit von zehn bis zwölf Stundenkilometern. Die Gasmotoren sind für die grazilen Straßenbahnwagen jedoch nicht laufruhig genug. Die Schwungräder der Motoren rütteln zu stark an der Konstruktion. Dazu der Lärm, Geruchsbelästigungen und schließlich auch eine Explosion bei der Betankung führen

Gasmotoren, Dampf oder Elektrizität?

1890: Das Pferdestraßenbahngeschäft brummt und hat seine Notwendigkeit. Das zeigen nicht zuletzt die Gewinne der beiden Gesellschaften. Und schon verändern neue Erfindungen die Straßenbahn und schaffen ungeahnte Möglichkeiten. Wäre es nicht fantastisch, wenn man sich die gesamte aufwändige Infrastruktur der Pferdehaltung sparen könnte? Was könnte wohl ein Wagen, der von einem Motor angetrieben wird – wäre er wirklich stärker als ein Pferd?

Nein, der Eindruck täuscht. Das Haus hinter der elektrischen Straßenbahn stand in Dresden, allerdings hieß das Gebäude im Stil eines Stadtpalasts tatsächlich »Venezianisches Haus« und befand sich am Terassenufer.

bald zur Einstellung des Experiments. Noch weniger Perspektive für die Straßenbahn scheint der Dampfantrieb zu bieten. Diese Maschinen rütteln ebenfalls zu stark, verbreiten zu viel Lärm, zu viel Rauch und sind zu schwer für die vorliegende Schienenkonstruktion.

Der elektrische Funke der Genialität

Im Jahr 1879 hat der Technikpionier Werner von Siemens die erste elektrisch betriebene Straßenbahn zur Personenbeförderung vorgestellt. Auf der Pariser Weltausstellung 1881 folgt ein System zur Bahnstromführung, das im Prinzip heute noch gilt. Die Laufruhe der Elektromotoren und die kontinuierliche Regulierbarkeit der Kraftübertragung sind so erfolgreich, dass bald darauf Städte wie Chemnitz, Frankfurt am Main und Leipzig ihre ersten elektrischen Straßenbahnen betreiben.

Sensation – die erste »Elektrische« nimmt in Dresden den Betrieb auf

Am 6. Juli 1893 startet in Dresden die erste elektrische Straßenbahnlinie zwischen dem Schlossplatz und Blasewitz. Bereits wenige Tage nach der Eröffnung wird die Linie über das berühmte Blaue Wunder bis Loschwitz verlängert. Vor der offiziellen Freigabe der Brücke am 15. Juli muss sie einer umfangreichen Belastungsprobe standhalten. Schwere Straßendampfwalzen und beladene Lastkraftwagen mit einem Gesamtgewicht von 250 Tonnen werden dafür auf die Brücke gefahren. Den Schwingungstest erledigt ein Bataillon Jäger, dass im Marschtempo über die Brücke eilt. Alle Tests bestanden – das Blaue Wunder ist für den allgemeinen Verkehr freigegeben.

Das Kraftwerk, mit dem der nötige Strom erzeugt wird, befindet sich in Dresden Johannstadt an der Hertelstraße und wird mit Dampfmaschinen betrieben. Die Ära der Pferdestraßenbahnen neigt sich dem Ende entgegen.

Ein Passant beeilt sich, denn von rechts nähert sich schon ein Vierbogen-fensterwagen.

Die Straßenbahn als Pionierin der Elektrifizierung

»Ich denke in Pferdestärken, liebe den Geruch von Pferdemist, das Klappern der Hufe, das Wiehern meiner Pferde«, gesteht Albert Korf. »Aber ich geb's zu: Diese Elektrizität hat eine magische Kraft. Ich hatte bisher immer eine Pferdestärke unter dem Hintern … mit den elektrischen Bahnen sind es gleich 15 bis 20!« Die Straßenbahnen sind ohne Zweifel das neue Nonplusultra der Verkehrstechnik und Elektrotechnik – die Pioniere der städtischen Elektrifizierung. Noch bevor Haushalte und öffentliche Gebäude mit Strom versorgt werden, summt die Bahn mit dem Götterfunken dahin.

Gestatten, die erste elektrische Straßenbahn der Welt von Siemens & Halske in Berlin-Lichterfelde.

Die Passagiere der ersten elektrischen Lokomotive von Siemens & Halske auf der Gewerbeausstellung in Berin.

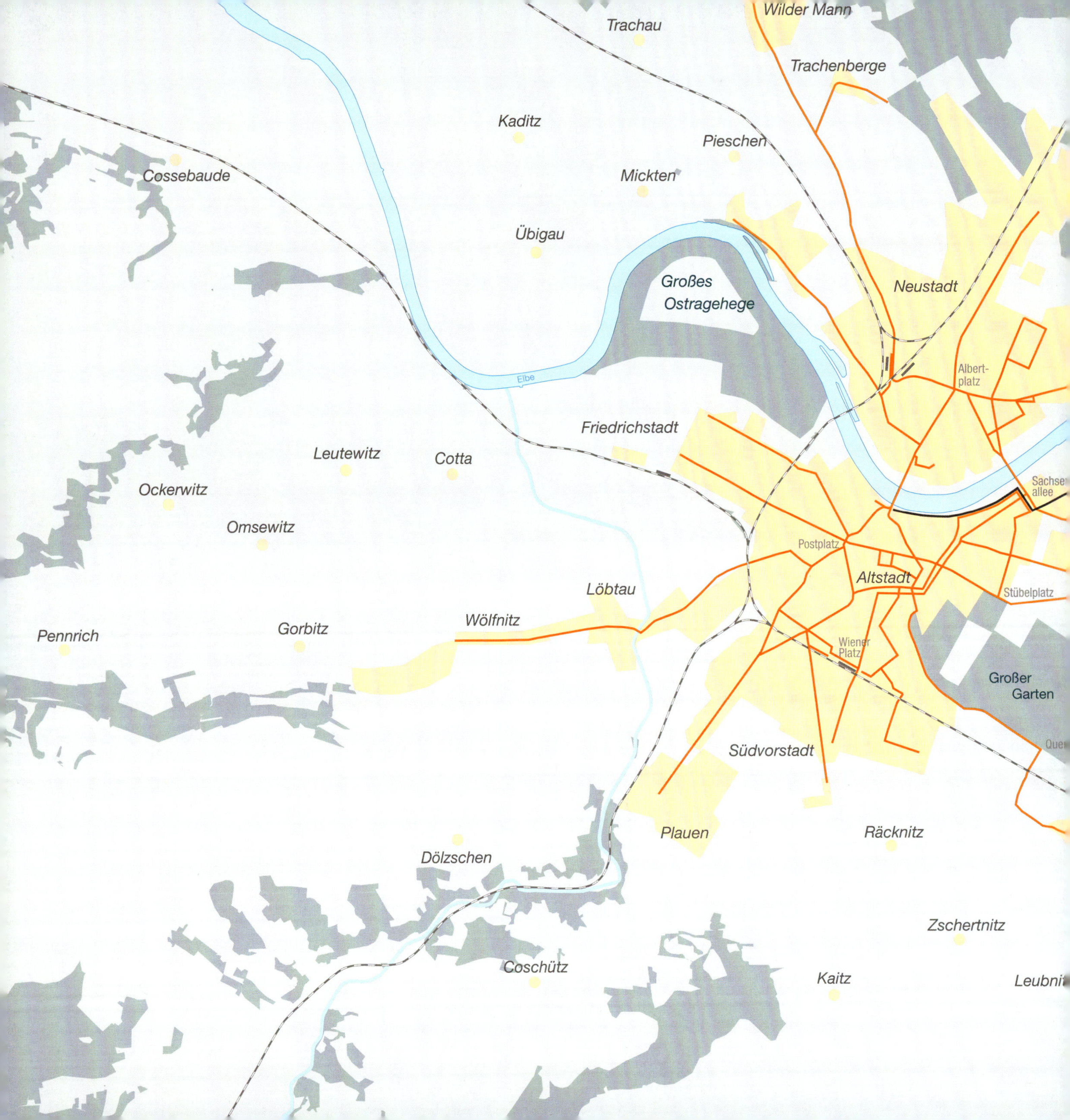
Wilder Mann
Trachau
Trachenberge
Kaditz
Pieschen
Cossebaude
Mickten
Übigau
Großes
Ostragehege
Neustadt
Elbe
Albert-
platz
Friedrichstadt
Leutewitz
Cotta
Ockerwitz
Sachse
allee
Omsewitz
Postplatz
Altstadt
Löbtau
Stübelplatz
Wölfnitz
Pennrich
Gorbitz
Wiener
Platz
Großer
Garten
Südvorstadt
Plauen
Räcknitz
Dölzschen
Zschertnitz
Coschütz
Kaitz
Leubnit

1893

Bereits in den Anfangsjahren der Gründerzeit gibt die Dresdner Straßenbahn entscheidende Impulse für die Entwicklung der Stadt: Wo sie hinfährt, entstehen nach und nach neue Viertel oder Stadtteile, oder diese werden durch die Verkehrsanbindung aufgewertet.

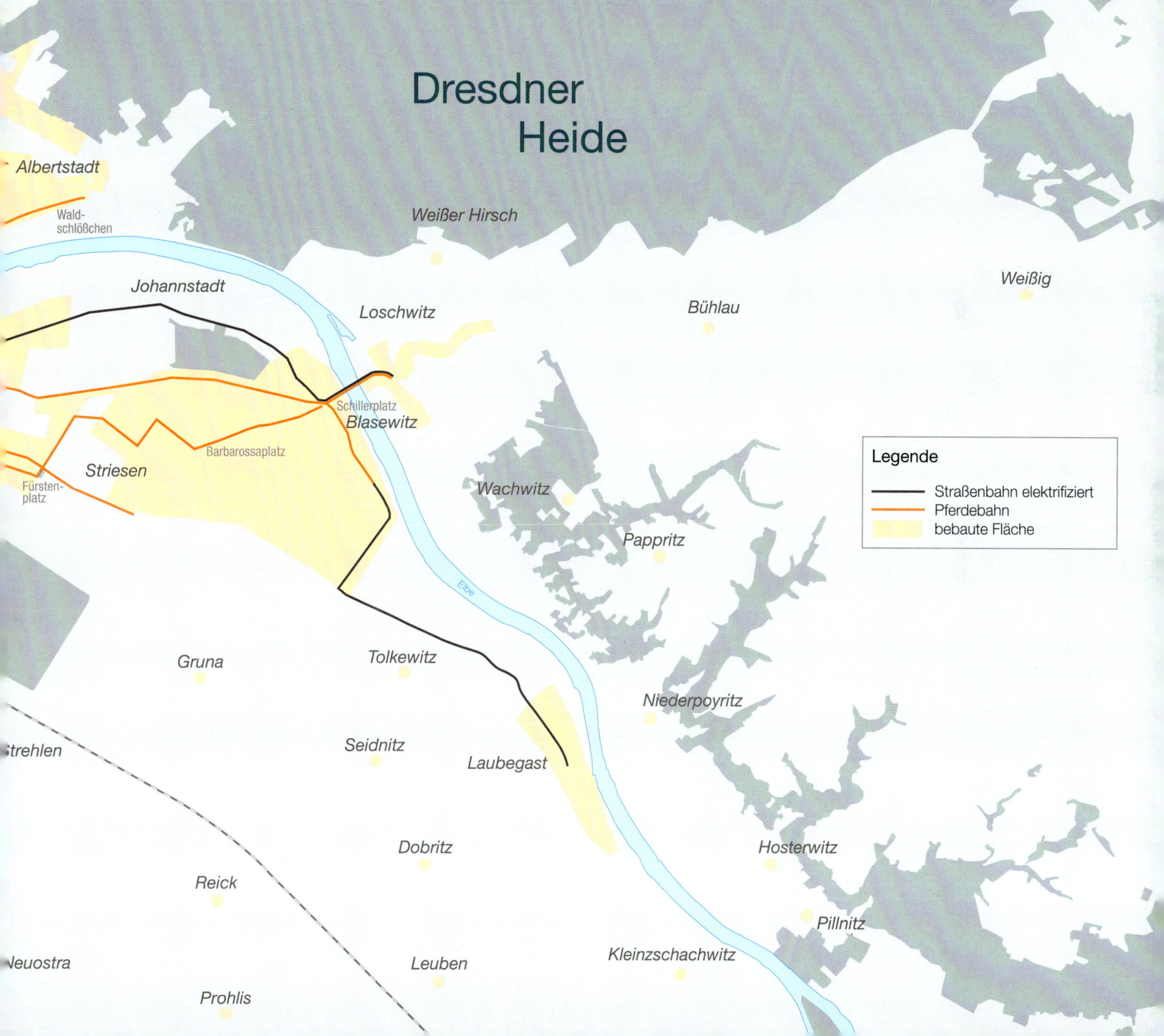

Eine Ära geht zu Ende

Am 25. August 1900 rückt der letzte Pferdebahnwagen vom Betriebshof Trachenberge ein. Kollege Mensch und Kollege Pferd – das war einmal. Irgendwie auch schade, oder?

Die erste elektrische Straßenbahn der gelben Gesellschaft steht hier im November 1893 am Bahnhof Neugruna (Blasewitz) und kommt dann auf der Linie Blasewitz – Laubegast zum Einsatz.

Der Funkenkutscher im Quantensprung

Welch technischer »Quantensprung« dabei jedoch zu bewältigen ist, wird deutlich, wenn wir uns daran erinnern, dass die ersten elektrischen Triebwagen auf der vorderen Plattform beim Fahrer noch offen und ohne Verglasung geführt werden. Als »Funkenkutscher« auf der neuen »Elektrischen« sind die Fahrer noch eine ganze Weile den Wetterwechseln von Hitze, Regen, Wind, Schnee und Frost ausgesetzt, wohingegen die Abteile immerhin beheizt werden. Dem Funkenkutscher bietet einzig ein sehr dichter Schafsfellmantel etwas Wärme und Schutz. Die Fahrer müssen für diesen Mantel eine beachtliche Kaution von 100 Mark hinterlegen. Dieser Mischung aus neumoderner Elektrizität und einem altertümlich aufgefassten Wagenführerberuf gibt die Bezeichnung »Funkenkutscher« einen treffenden Bezug.

Der wind- und wetteroffene Fahrerstand ist jedoch weder einer Kostenersparnis noch einem technischen Unvermögen geschuldet. Viele Straßenbahnfahrer sind es nicht anders gewohnt. Sie sind plötzlich aus der Kutscherzunft in die elektrische Zeit gewechselt. Auch für Albert Korf bedeutet das eine Umstellung. »Es ist seltsam, auf den Verkehr nicht mehr mit Rufen und Gesten zu reagieren. Und derzeit muss ich bei den neuen Schienenwegen immer mal wieder absteigen, um eine Weiche mithilfe einer Eisenstange umzustellen. Aber man gewöhnt sich an alles.« Erst ab 1909 kommen halbautomatische elektromagnetische Weichenstelltechniken zum Einsatz. Ab 1906 werden die Plattformen der Fahrer verglast und bieten zumindest einen gewissen Wind- und Wetterschutz.

Im Straßenbahnmuseum findet man am Wagen 309 noch die offenen Plattformen der damaligen Zeit.

Neue Triebwagen und Anhänger verlangen nach modernen Werkstätten und kundigem Personal.

Neue Berufe und Techniken für eine neue Geschwindigkeit

Neben der beruflichen Umstellung eines Pferdekutschers ist auch ein völlig neues Know-how für den Betrieb des Verkehrsnetzes nötig. Wichtig ist jetzt nicht nur das Wissen zur Verdrahtung, zur Installation, zur Wartung und zur Sicherheit von Elektrotechnik und Stromführung auf den Strecken. Auch die Pflege und Reparatur der Triebwagen und Anhänger erfordern neue technische Fachberufe. Das höhere Gewicht der Wagen, die gestiegene Geschwindigkeit und die höhere Bremslast machen neue Techniken der Gleisbettverlegung nötig. Die alten Pferdebahngleise sind den neuen Belastungen nur noch bedingt oder gar nicht mehr gewachsen. Deshalb werden die meisten ehemaligen Gleisunterbetten ausgetauscht und Langschwellen durch Holzquerschwellen mit anderem Unterbau ersetzt. Die sind weniger wartungsbedürftig und halten länger. Ein neues Schienenprofil, das besser mit den steigenden Belastungen und der höheren Geschwindigkeit zurechtkommt, wird verlegt.

Die Energie, die Quellen und das Ziel – Kraftwerke und Unterwerke

Sämtlicher Strom für die Stadt Dresden wird zu Beginn des 20. Jahrhunderts durch braunkohlebefeuerte Dampfmaschinen gewonnen, die wiederum Wechselstromgeneratoren antreiben. Elektrische Straßenbahnen fahren seit ihrer Erfindung zumeist mit Gleichstrom. Deshalb braucht es die Errichtung eines größeren Gebäudes auf einem Teilabschnitt der Strecke, in dem die 10 000 Volt des städtischen Wechselstroms in 500 Volt Gleichstrom transformiert werden, der dann die ersten 15-PS-Gleichstrommotoren der Triebwagen speist.

Diese sogenannten Unterwerke benötigen keine Dampfmaschinen zur Stromerzeugung mehr, da der gesamte Straßenbahnstrom seit 1895 aus dem zentralen Kraftwerk Mitte, dem sogenannten Licht-Werk zwischen Wettiner Platz und Könneritzstraße geliefert wird. Dementsprechend stehen seit 1900 in Tolkewitz, Niedersedlitz, Neustadt, Freital, Bühlau, Räcknitz, Klotzsche und Radebeul neue »Kraftstationen«, wie die Unterwerke auch genannt werden.

Wie bekommt man aus Wechselstrom Gleichstrom?

Eine Lösung dieses Problems wird 1902 von Peter Cooper Hewitt zum Patent angemeldet: der Quecksilber-Dampfgleichrichter. Unter Nutzung der Eigenschaften des Quecksilbers, das unter Hitze Elektronen freisetzen kann, kann erstmals Starkstrom auf elektronischem Wege gleichgerichtet werden. Der dabei stattfindende Vorgang erzeugt ein blaues Funkeln.

Die »gelbe Linie« und die »rote Linie« kooperieren

Neben der Euphorie für die technischen Neuerungen machen sich in der Anfangsphase auch Ängste und Bedenken gegen diese ganz neue und moderne elektrische Kraft in der Gesellschaft bemerkbar. Doch die Fahrleistungen der neuen Wagen, der Komfort, der Zuwachs an Geschwindigkeit und Sicherheit führen bald zum Siegeszug der neuen Technik sowie zur vollständigen Elektrifizierung des gesamten Straßenbahnnetzes. Die technische Komplexität der Aufgaben beim weiteren Netzausbau macht einen Interessensausgleich der beiden konkurrierenden Aktiengesellschaften erforderlich. Denn beide Gesellschaften befinden sich zu diesem Zeitpunkt ja noch in Privathand. Die Stadt profitiert lediglich von den Vertragslizenzen, Streckenpachten, Steuern und Abgaben.

Ein gut funktionierendes Gesamtnetz bringt sowohl der »roten« als auch der »gelben Linie« Vorteile. Die Konkurrenz verschiebt sich daher während der Elektrifizierung immer mehr in Richtung Zusammenarbeit.

Erst die Straßenbahn, dann der Speckgürtel

War die Straßenbahn bisher lediglich ein neues Accessoire der städtischen Mobilität, so beginnt sie sich mit der Elektrifizierung zu einer echten Städtemacherin zu mausern. Die ersten elektrischen Geschwindigkeiten lassen mit 10 bis 25 Kilometern pro Stunde die umständlichen Pferdebahnen (6 bis 8 Stundenkilometer) hinter sich und können jetzt in ganz neue Regionen vordringen. Orte und Vororte sind nun plötzlich viel schneller erreichbar. Damit zeigt sich wieder: Wo eine Strecke gebaut wird, entsteht auch bald ein urbaner Raum.

Blick von der Bergstation der Schwebebahn hinab auf Loschwitz im Jahr 1900.

Während die Achse der Schwebebahn gewechselt wird, nutzen die Angestellten die Zeit für ein Gruppenfoto (1905).

Das Wunder am Berg – die erste schwebende Bergbahn der Welt

Seit über 120 Jahren verkehren Bergbahnen in den pittoresken Hängen der ehemaligen Weinanbauregion Loschwitz. Die Standseilbahn eröffnet 1895 und führt durch zwei Tunnel zur Siedlung Weißer Hirsch. Die Bergschwebebahn fährt ab 1901 in die malerischen Hänge von Oberloschwitz. Seit die Reblaus dem Weinbau an diesen Hängen ein Ende gesetzt hat, wurden die Hänge von wohlhabenden Schichten als Baugrund mit dem romantischen Blick in das Elbtal entdeckt. Dabei ist die Anbindung dieser Vororte mit der Bergbahn keineswegs nur ein hübsches touristisches Highlight. Auch hier geht es der Betreibergesellschaft ganz klar darum, die etwas abgelegeneren Vororte zu erschließen und noch enger mit der Stadt zu verbinden.

Der Prestigezuwachs und die Attraktivität vieler Villenvororte und außenliegenden Gemeinden erhöht sich schlagartig, als die elektrische Straßenbahn dort ihre Strecken und Haltestellen einrichtet. Nicht immer gelingt das problemlos. Manche Vorortbahn, wie zum Beispiel die Verbindung Loschwitz–Pillnitz, kann erst auf Eigeninitiative des Gemeindeverbands in Betrieb genommen werden. Die Anbindung an das Dresdner Straßenbahnnetz ist aber keineswegs gleichzusetzen mit dem Wunsch nach Zugehörigkeit zur Stadt Dresden. Ganz im Gegenteil: Etliche Orte wehren sich gegen die Eingemeindung, sicherlich nicht zuletzt, um ihre Steuervorteile behalten zu können. Jedoch begrüßen und nutzen sie die Möglichkeit gern, mit der Bahn im geregelten Takt in die Stadt zu kommen.

Die Geschichte der verlorenen Pferde

Eine kleine Anekdote aus der Zeit des Übergangs von der Pferdebahn ins elektrische Zeitalter illustriert den Wandel der Zeit:

Der Pferdekutscher Karl Pilz kurvte ein Berufsleben lang mit der Pferdebahn durch die Stadt. Ein stressiger Beruf, bei dem man für eine Woche ohne Unfall großzügig mit sieben Talern belohnt wurde. Im Winter mussten die Pferdekutscher zudem immer wieder Sand auf die Schienen werfen, damit ihre braven Rösser nicht ausrutschten, und im Sommer galt es, die schwitzenden Pferde ebenso blank zu putzen wie deren Geschirre. Damit war es im Frühjahr 1899 vorbei, und aus den Pferdekutschern wurden die Funkenkutscher der elektrischen Straßenbahn. Das Bild der Pferdekutscher war indes so sehr in den Köpfen der Menschen verankert, dass es vorkommen konnte, dass Straßenjungs dem Funkenkutscher hinterherriefen: »Hey, Sie ham was verloren – Ihre Pferde!«

Technische Wunderwerke und Meisterwerke

Das 19. Jahrhundert mit seinem technischen Erfindergeist bietet zwei »Weltwunder«, die beide unmittelbar mit der Verkehrsführung und der Personenbeförderung verknüpft sind. Das 1893 eröffnete Blaue Wunder als freitragende Stahlbrückenkonstruktion verbessert die Stadtanbindung der Dresdner Vororte für beide Seiten der Elbe erheblich. Und es ist nur konsequent, dass dieses Blaue Wunder auch zugleich das »elektrische Wunder« der ersten neuen Straßenbahn präsentiert, mit der die beiden Teile Loschwitz und Blasewitz mit der Innenstadt verbunden werden. Bis ins Jahr 1985 hinein verkehrt über das Blaue Wunder immer eine Straßenbahn.

Einmal noch! Das dachte sich vielleicht auch der Fahrer einer der letzten Straßenbahnen, die 1985 über das Blaue Wunder in Richtung Pillnitz fuhren.

Ein ehemaliger Pferdebahner vom Bhf. Pfo. berichtet

Oswald Kretschmer, ehem. Führer 1240, Bhf. Pfo.

Mein Neffe, der im Bhf. Mi. als Hallenarbeiter beschäftigt ist, sandte mir den ganzen Jahrgang 1939 der Werkzeitschrift. Da las ich, daß die alten Herren Pensionäre mal was von der Pferdebahn und vom Anfang der elektrischen Bahn erzählen sollten. Diese Aufforderung bewog mich zu diesem Schreiben.

Ich bin Vorspanner und Pferdebahnkutscher und dann Triebwagenführer gewesen und lebe seit der Pensionierung in meiner Heimat in Lauban in Schlesien. Ich war bei der Deutschen Straßenbahn (Pferdebahn). Unsere Uniform war grau mit blauem Kragen ohne Biesen und geschmückt durch Metallknöpfe mit den Buchstaben D.Str.B.A.G. Daraus wurde ein Witz, man sagte: „Direktor Stößner braucht allerhand Geld." Stößner war nämlich unser Direktor.

Zuerst war ich auf Bahnhof Ostra-Allee, später in Trachenberge. Als Vorspanner bekam man monatlich 60 M., als Kutscher 72 M. und nach fünf Jahren 75 M. und als Oberkutscher 78 M. Höheren Gehalt gab es nicht. Die Pferdepfleger, Stalleute genannt, bekamen 69 M. im Monat und hatten zehn Pferde zu betreuen. Ich kenne noch sämtliche Pferdebahnlinien, na, wenn ich da erzählen würde, in welchen Winkelgassen die Deutsche Pferdebahn rumfuhr, würden alle staunen. Die gelbe Pferdebahn führte die Bezeichnung: Engl. Tramways Company, Dresden. Wir deutschen Pferdebahner trugen zweireihigen Rock, die gelben einreihigen mit grünem Kragen und auf den Metallknöpfen ein fliegendes Pferd. Die englische Gesellschaft hatte die besten Straßen zur Benutzung, weil sie zuerst in Dresden existierte. Soweit die rote Pferdebahn die Gleise der Engl. Tramway mit benutzte, mußte nach laufenden Metern gut dafür bezahlt werden, deshalb die viele Winkelgassenfahrerei der roten Pferdebahn.

Auch die Linien habe ich noch im Kopfe. Der Dienst der Fahrer war bei der roten Pferdebahn folgender: 2 Tage früh von 6 Uhr bis Schluß, spätestens Mitternacht, also nach heutiger Zeit 24 Uhr, den dritten Tag frei. Die Pferde gingen etwa 3 Stunden, dann wurde gewechselt. Die Burschen, die die Pferde auf den Umspannplatz brachten, hießen Zuführer und waren ungefähr 15 bis 17 Jahre alt. Die gelben Pferdebahner wurden immer mit den Pferden abgelöst, machten aber durch mehrere Ablösungen auch 10—12 Stunden Dienst.

Die Gasmotorwagen kenne ich auch, auch die Wagennummern. Diese Wagen fuhren Albertplatz—Wilder Mann, aber nur bei Tageslicht. Die Gasfüllstation war Großenhainer Straße, wo die Orgelfabrik von Jentzsch ist. Da man damals im allgemeinen noch kein elektrisches Licht kannte und nur mit Petroleumlampen beleuchtete, konnte wegen der damit verbundenen Gefahr bei Dunkelheit nicht gefüllt werden. Von Eintritt der Dunkelheit und im Winterhalbjahr auch früh, so lange es dunkel war, fuhr diese Strecke die Pferdebahn. Der Gas-Straßenbahnbetrieb gehörte der Dessauer Gas-Straßenbahn und fuhr in Dresden nur Probe, bewährte sich aber nicht, so daß er wieder eingestellt wurde.

Ich habe auch die ersten elektrisch betriebenen Wagen im Jahre 1896 als elektrischer Wagenführer noch gefahren. Sie verkehrten auf der Linie Schloßplatz—Blasewitz, trugen die Nummern von 89 bis 100 und hatten 14 Sitzplätze. Im Wagen Nummer 100 war eine Gedenktafel angebracht, weil König Albert diesen Wagen zu einer Probefahrt benutzte. Diese Wagen und die späteren mit 20 Sitzplätzen konnten nur mit Handbremse gebremst werden, jeder Anhänger mußte einen Mann als Bremser haben. Erst später bekamen wir Schalter mit elektrischer Bremsung. Auch die Wagen mit Unterleitung durch die König-Johann-Straße habe ich gefahren, ebenso die Aku-Wagen über die Carolabrücke.

Unser Anfangsgehalt war damals 90 M. monatlich, es mußte auch eine Kaution von 100 M. gestellt werden. Doch genug damit; immerhin dürfte es manchen interessieren, daß noch ein alter Dresdner Pferdebahner und Führer der ersten elektrischen Straßenbahnwagen lebt.

Vorsicht bei Gesprächen!
Feind hört mit! Darum: Schweigen oberstes Gebot.

Fahrschule

1905–1945
ZWISCHEN BLÜTE UND ZERSTÖRUNG

EINE STADT ALS BAUSTELLE AUF DEN GLEISEN DER MODERNE

Zu Beginn des 20. Jahrhunderts ist das Basisnetz der Dresdner Straßenbahnen in Betrieb und die Elektrifizierung abgeschlossen. Die Neubaustrecken und Netzerweiterungen, die zwischen 1906 und 1929 dazukommen, schaffen ein Streckennetz, das im Wesentlichen bis 1945 Bestand haben wird. Ein solch umfangreiches Nahverkehrssystem zu errichten, bedeutete einen riesigen Umgestaltungsprozess. Dieser sollte das Gesicht der Stadt verändern und damit auch das Leben aller Dresdnerinnen und Dresdner.

Wachstum und noch kein Ende in Sicht

Die Zahl der kleinen Fabriken und Unternehmen im Maschinenbau in Dresdens typischen Industrien Optik, Feinmechanik, Schokoladen und Genussmittel hat sich in den letzten drei Jahrzehnten des 19. Jahrhunderts noch einmal vervierfacht. Mit dem Wandel kommt der Handel. Die Bevölkerung wächst. 1905 leben über eine halbe Million Menschen in der Stadt. Die wollen mobil sein.

Tradition trifft Moderne – Verkehrsplanung und Architektur

In der Gründerzeit bis zum Beginn des Ersten Weltkriegs wird in Dresden gebaut wie nie zuvor. Es schlägt die Stunde von Hans Erlwein. Unter der Führung des selbstbewussten Architekten und Stadtbaurats entstehen etwa 150 neue Industrie- und Zweckbauten. Bei Gebäuden wie dem Erlweinspeicher, dem Gaswerk Reick, den Neubauten der Gaststätte »Italienisches Dörfchen« und der Löwenapotheke am Altmarkt interpretiert er die Barocktraditionen architektonisch neu – sachlich, klar und dennoch ansprechend. Auch bei den Besprechungen in den einzelnen Geschäftsstellen der Verkehrsbetriebe ist Hans Erlwein beteiligt. Schließlich geht es dort darum, dass sich Hochbauamt, Tiefbauamt, Straßenbahn und einige weitere Verantwortliche immer auf dem Laufenden halten, gezielt miteinander absprechen und Baumaßnahmen miteinander koordinieren. Entsprechend eng hängen zu jener Zeit bereits die Planung von Straßenbahn und Stadtentwicklung zusammen.

Das Flügelrad mit Stromblitzen für die Kragenspiegel der Straßenbahneruniformen versinnbildlichen den Stolz des Personals auf ihre elektrische Dresdner Straßenbahn.

Neben Erlwein macht sich aber auch Gottfried Semper einen Namen, nach dessen Plänen ein zweiter Opernbau als prominentestes Bauvorhaben dieser Zeit errichtet wird. Zu dessen Eröffnung 1878 können die Gäste, zumindest theoretisch, bereits mit dem Pferdeomnibus kommen. Dresden erblüht also zu einer bedeutenden deutschen Großstadt, einer sächsischen Metropole zwischen Tradition und Moderne – und die Straßenbahn wächst mit.

Neue Brücken

In nicht einmal vier Jahrzehnten entstehen drei neue Brücken über die Elbe; eine vierte wird abgerissen und neu aufgebaut: die Albertbrücke (1877), das Blaue Wunder zwischen Loschwitz und Blasewitz (1893), hier im Bild die Carolabrücke (1895) und die Augustusbrücke (Abriss und Neubau 1907 bis 1910).

Selbst in der Bauphase unersetzlich

Nach dem Abriss der alten Augustusbrücke entsteht zwischen 1907 und 1910 eine Behelfsbrücke aus Holz und Stahl, über die natürlich auch eine elektrifizierte Straßenbahnline fahren muss. Dresden und seine »Elektrische« sind seit Beginn des 20. Jahrhunderts untrennbar miteinander verbunden.

PARADIGMENWECHSEL –
VOM KAPITALISTISCHEN UNTERNEHMEN ZUM GEMEINWOHLORIENTIERTEN BETRIEB

Zwei getrennte Straßenbahngesellschaften sind nicht mehr zeitgemäß

In der letzten Dekade des 19. Jahrhunderts wirkt sich die Konkurrenz der »roten« und »gelben« Straßenbahngesellschaften noch vorteilhaft für die Stadt und die Fahrgäste aus. Im Wettbewerb um die Auslastung werden einerseits die Fahrpreise erschwinglicher. Andererseitsn verschaffen die Ratsherren mit administrativen Verordnungen und durch geschicktes Taktieren der Stadt einige Vorteile, die sich positiv auf die Kosten und den Verlauf des Streckenausbaus auswirken.

Konkurrenz als Bremse

Der Altmarkt gehört zu den wenigen Plätzen, die beide Straßenbahngesellschaften gemeinsam befahren. Hier kann von der »roten« in die »gelbe Linie« umgestiegen werden. Immer mehr wird deutlich, dass die verschiedenen Interessen der beiden Unternehmen Verkehrsplanung und Städtebau behindern.

Wer ist die Spinne im Verkehrsnetz?

Auf Seiten der Stadt setzt sich immer stärker eine Einsicht durch: Die Planung von Verkehrswegen und der Personennahverkehr prägen und formen den Städtebau. Sie gehören also eigentlich unter ein Dach und werden nun von kommunaler Hand koordiniert. Was so einfach klingt, besitzt eine längere Vorgeschichte, denn die Stadtverwaltung wollte aktiv an der Entwicklung des Verkehrsnetzes mitwirken, mehr Einfluss darauf besitzen und zugleich verhindern, dass die Bahn als Unternehmen mehr den Profit als das öffentliche Interesse an einer funktionierenden Mobilität im Auge hat. Mit der Kommunalisierung des Straßenbahnbetriebs gelingt es daher, die Interessen einer wachsenden Stadt auch verkehrsseitig abzubilden – und dass damit zugleich eine neue Einnahmequelle für Dresden entsteht, macht auch niemanden in der Verwaltung traurig. Dieser Schritt ist der Startpunkt des ÖPNV, wie wir ihn heute kennen: ein Mobilitätsangebot für alle, die in der Stadt zu einem bezahlbaren Preis von A über B nach C kommen möchten.

1906 – die große Vereinigung zu einer kommunalen Straßenbahn

Endlich: Nach langen Verhandlungen und einem zermürbenden vertraglichen Hin und Her gelingt es der Stadt Dresden, die beiden Straßenbahngesellschaften und ihre gesamten Betriebsmittel den beiden Aktiengesellschaften abzukaufen. Für den Kaufpreis von rund 46 Millionen Mark nimmt die Stadt eine Schuldenanleihe von 40 Millionen Mark auf. Eine Mark entspricht der heutigen Kaufkraft von ungefähr 6,50 Euro.

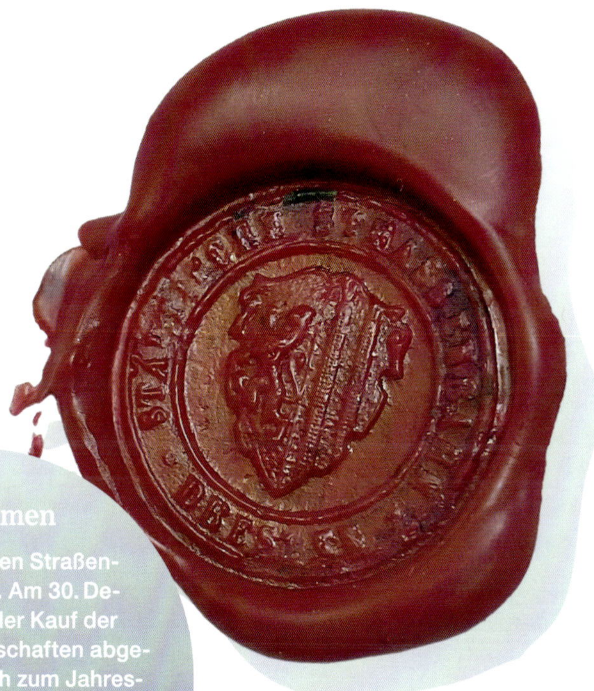

Willkommen

bei der Städtischen Straßenbahn zu Dresden. Am 30. Dezember 1905 ist der Kauf der beiden Aktiengesellschaften abgeschlossen. Pünktlich zum Jahresanfang 1906 beginnt für Dresden eine neue Ära. Die Stadt hat jetzt einen einheitlichen und rein kommunal verantworteten Betrieb für die Personenbeförderung.

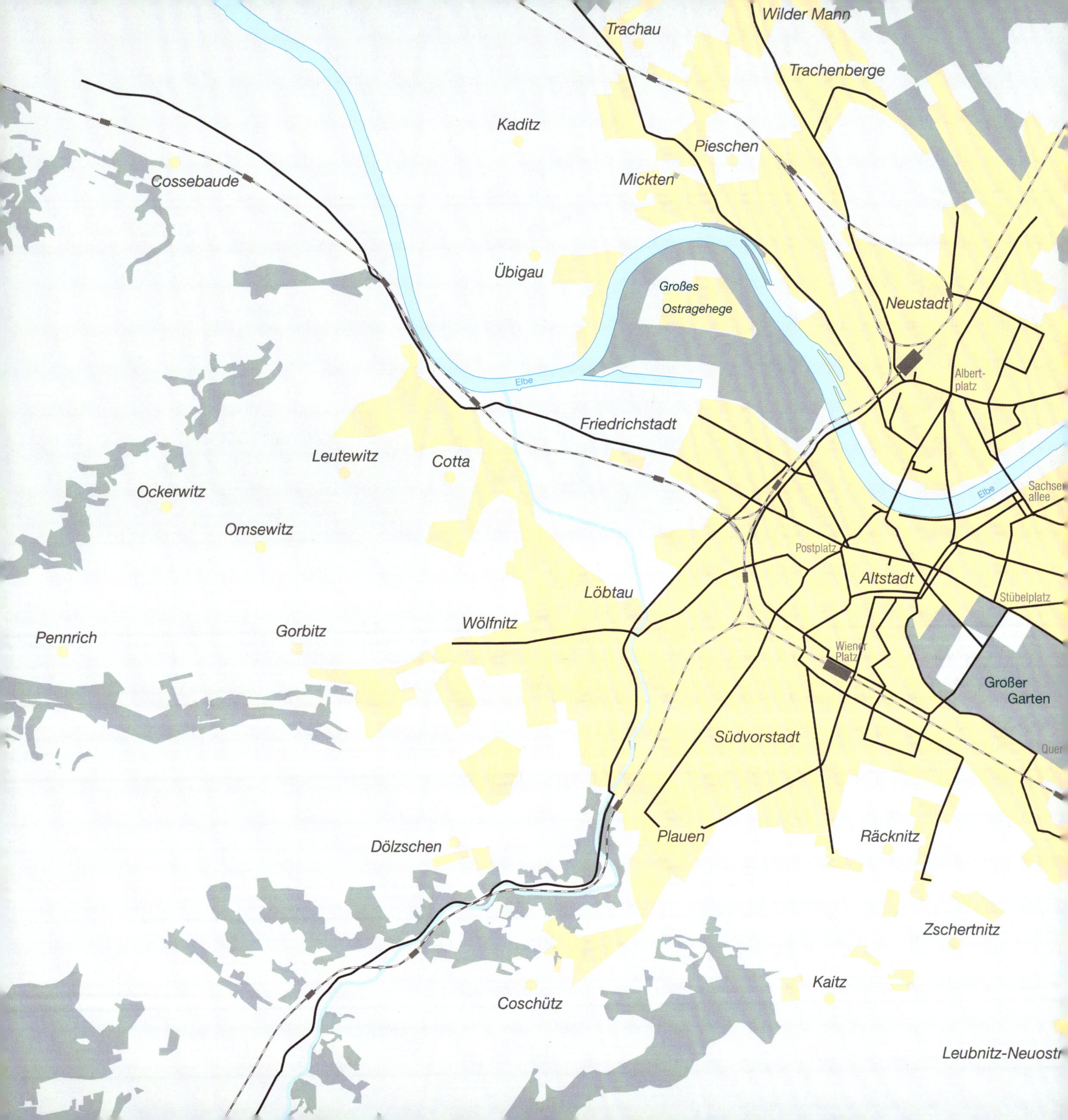

Wilder Mann
Trachau
Trachenberge
Kaditz
Pieschen
Cossebaude
Mickten
Übigau
Großes
Ostragehege
Neustadt
Albert-
platz
Elbe
Friedrichstadt
Leutewitz
Cotta
Ockerwitz
Omsewitz
Sachse
allee
Elbe
Postplatz
Altstadt
Löbtau
Stübelplatz
Wölfnitz
Pennrich
Gorbitz
Wiener
Platz
Großer
Garten
Südvorstadt
Quer
Plauen
Räcknitz
Dölzschen
Zschertnitz
Kaitz
Coschütz
Leubnitz-Neuost

1906

Je schneller die elektrischen Straßenbahnen vorankommen, desto weiter können sie auch in die Vororte fahren, die teilweise nur als Vorwerke zu bezeichnen sind. Das vereinigte Netz beider Gesellschaften und der von ihnen betriebenen Außenbahnen erweitert sich so immer mehr.
Wo Anschluss an die Stadt entsteht, verdichtet sich auch die Bebauung, und die Grundstückspreise steigen.

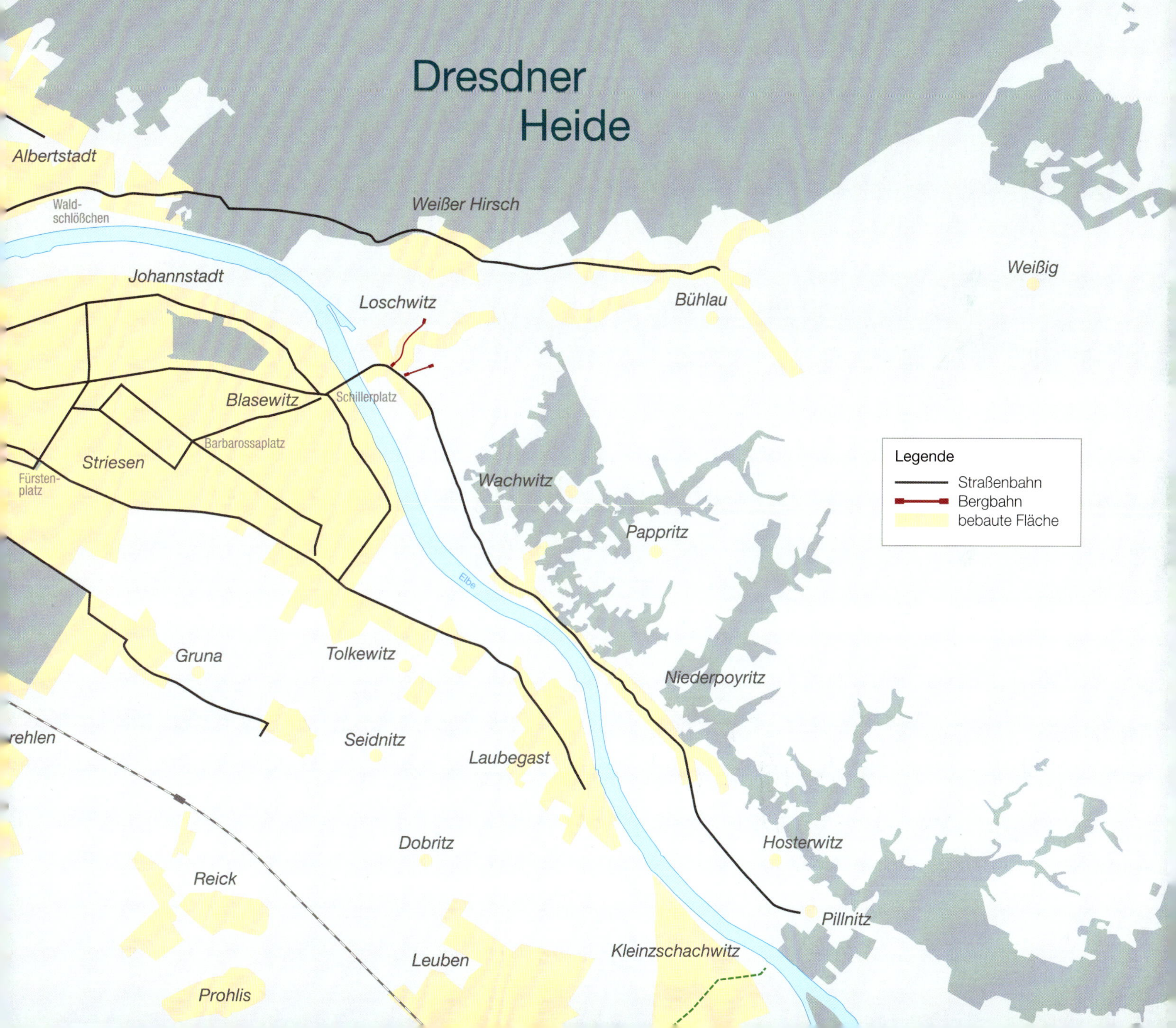

Personal der Städtischen Straßenbahn 1909 im Betriebshof Freital-Deuben.

Die Städtische Straßenbahn zu Dresden – der Bestand 1906

Mit der Vereinigung der beiden Straßenbahngesellschaften treten insgesamt 2 260 Straßenbahnangehörige in den städtischen Dienst. Darunter 686 Wagenführer, 871 Schaffner und 587 Arbeitskräfte der technischen Abteilungen. Außerdem die beiden Direktoren der ehemaligen zwei Gesellschaften, Paul Clauß und Carl Stößner, sowie 108 Aufsichts- und Verwaltungsbeamte.

Schick, schick

Für Paul Korf und seine Kollegen, die bisher für die »rote Linie« gefahren sind, bricht eine neue Zeit an. »Endlich können wir für unsere geliebte Stadt Dresden fahren. Und gut sehen wir aus in den neuen Uniformen!«

In die vereinigte Gesellschaft werden auch 499 Straßenbahntriebwagen und 301 Straßenbahnbeiwagen übernommen, darunter 54 offene Sommerwagen sowie 42 Wagen für den Gütertransport.

Ein neues Straßenbahngefühl als neues Stadtgefühl

In den Jahren 1906 bis 1914 etabliert sich die Städtische Straßenbahn und baut das Streckennetz weiter aus. Dresden entwickelt sich in der Folge zu einer Metropole voller Handel, Gewerbe und Industrie. Immer mehr Menschen ziehen in die Stadt und ihre Vororte. Die Straßenbahn und der Städtebau werden zum Pulsgeber und Herzschlag einer Stadt und treiben den Fortschritt gemeinsam voran.

1912 fährt Paul Korf eine Straßenbahn der Linie 6. »Die ganze Stadt ist eine einzige Baustelle. Überall wimmeln Arbeiter, schachten Gräben oder klopfen Pflastersteine. Auf der Großen Plauenschen ist manchmal gar kein Durchkommen. Selbst ununterbrochenes Bimmeln hilft da nicht immer. Klar, die Kollegen vom Straßenbau müssen ja auch ihre Arbeit machen.«

Das neue Bürgertum der Stadt baut seine Gebäude im klassizistischen oder neobarocken Stil selbstbewusst neben die alten Residenzen. So zum Beispiel das neue Dresdner Schauspielhaus an der Ostra-Allee, das 1913 fertiggestellt wird. Es liegt direkt am Postplatz, dem neuen Verkehrsknotenpunkt der Dresdner Straßenbahnen.

Der Postplatz als zweites Herz des städtischen Personenverkehrs

Am Postplatz pulsiert das Leben. Sternförmig treffen hier die Magistralen der Stadt aufeinander: Wilsdruffer Straße, Ostra-Allee, Annenstraße, Wettiner Straße, Marienstraße und Sophienstraße. Ein wabernder, geschäftiger Knoten im Herzen der Stadt. Der Platz verdankt seinen Namen der Oberpostdirektion samt Telegrafenamt. Zwei noch junge Technologien geben hier also den Rhythmus vor – Kommunikation und Mobilität im täglichen Einklang.

Geschwungene Schiene

Diese Versuchsschiene soll um 1920 mehr Elastizität ins Gleis bringen. Die sogenannte geschwungene Schiene bewährt sich nicht.

Zentraler Umsteigepunkt – damals wie heute

Eine Straßenbahn der Linie 23 hält am Postplatz vor dem mächtigen Gebäudehintergrund der Hauptpost und des Fernsprech- und Telegrafenamts. Letzteres wird 1945 bei den Bombenangriffen ausbrennen und wenige Jahre später abgerissen. Heute steht hier das »Haus Postplatz«.

Aussteigen, umsteigen, einsteigen für jedes Publikum

Wer am Postplatz aussteigt, möchte vielleicht eine Theaterpremiere besuchen. Ein elegantes Paar gleitet übers Pflaster, der Herr im Frack und Zylinder und die Dame in langer Abendgarderobe. Auf dem Kopf trägt sie den feinen federgeschmückten Jugendstilhut. Paul Korf staunt nicht schlecht über die Grandezza, in der sich Dresden nun gern zeigt. »Das zeigt ja, wie gut es unserer Stadt geht, das ist die Hauptsache. Im Theater war ich allerdings noch nicht – ich mag Abende in der Kneipe mit meinen Kollegen lieber.« Spricht's und fährt wieder an – dabei hüpft ein Mann noch vom Trittbrett der Straßenbahn und hetzt ins nahe Postamt. Ein Telegramm an seinen Geschäftspartner muss gleich noch über den heißen Draht versendet werden. Ein Junge in kurzen

Hosen, barfuß und mit Ballonmütze, preist laut rufend die Abendausgabe der »Dresdner Neuesten Nachrichten« an. Er hechtet noch auf die schon anfahrende Bahn, um ein paar Exemplare an die Fahrgäste zu verkaufen. Zwei Blätter wechseln den Besitzer. Der Junge springt wieder ab und verschwindet unter den Flüchen des Schaffners im Trubel.

Viel gemischtes Publikum also. Müde Arbeiter nach ihrem Tag an den Maschinen oder frisch ausgeschlafene Bedienstete kurz vor dem Arbeitsbeginn in den umliegenden Gasthäusern und Hotels. Ein Apotheker, ein Kraftwerksheizer und eine Gruppe Garnisonsangehöriger in ihrer Uniform auf dem Weg zur Albertstadt. Vielleicht trifft man auch den einen oder anderen Studenten des Königlich-Sächsischen Polytechnikums, der aus der Vorlesung in Elektrotechnik durstig in die Kneipe eilt.

Damit sich die Schaffner an den scharfen Papierkanten nicht schneiden, benutzen sie ab den 1920er Jahren Gummifingerlinge.

Unverzichtbar für den Schaffner: die Kladde mit den Abrissfahrscheinen. Die hier abgebildeten stammen allerdings aus der Zeit des Zweiten Weltkriegs.

Schaffner und Fahrer – ein Dienstverhältnis und ein altes Lied

Eine Straßenbahnbesatzung besteht zu jener Zeit ganz klassisch aus einem Fahrer und einem Schaffner. Letzterer hat die Befehlsgewalt an Bord. Bei zwei aneinander gehängten Wagen ist der Schaffner des Triebwagens seinem Kollegen

Zahlfenster gab es schon vor der Elektrifizierung in den Wagen, um den geschlossenen Fahrgastraum vor Wärmeverlust zu schützen. Ab den 1920er Jahren werden sie grün gefärbt, um zu verhindern, dass die Fahrer geblendet werden.

im Beiwagen weisungsberechtigt. Er leitet den Zug, verkauft dabei nicht nur Fahrscheine, sondern sorgt auch für Ordnung, platziert die Fahrgäste und setzt die Etikette durch. »Seit 1913 bin ich Oberfahrer«, erzählt Paul Korf. »Die Streifen an der Uniform machen mich schon stolz, und als Beamter kriege ich jetzt mehr Geld. Ärger mit den Schaffnern habe ich selten. Nur dass die ihr Trinkgeld nicht teilen wollen, regt mich auf.«

Ein Schaffner erhält im Jahr 1903 im ersten Jahr seiner Anstellung einen monatlichen Bruttolohn von etwa 72 Mark (heute etwa 432 Euro). Zehn Prozent gehen an die Sozialversicherung ab. Bleiben ungefähr 62 Mark (heute etwa 372 Euro) Nettoverdienst für sechs Tage Arbeit die Woche. Selbst für die damals geringen Preise ist das ein sehr knapper Verdienst. Entsprechend ist Paul Korf bei allem stolz auf seine Arbeit. »Arm wie die Kirchenmäuse sind wir. Eine eigene Bude kann ich mir nicht leisten. Wie die meisten meiner Kollegen teile ich mir das Zimmer zur Untermiete noch. Der Direktor erlaubt mir, dass ich mir ein paar Mark dazu verdiene, deshalb trage ich vor der Arbeit noch Zeitungen aus.«

Die jährliche Miete für eine Arbeiterwohnstube mit Kammer und Küche beträgt um 1912 zwischen 240 und knapp 400 Mark.

Straßenbahnfahrer-Lyrik

Gedicht eines Unbekannten. Gefunden auf der Wand einer Toilette im Straßenbahnhof Neugruna:

Offene Wagen, kalte Nächte,
ein Schnaps, den man zum Wärmen möchte.
Scharfe Weiber, trocken Brot
sind des Fahrers früher Tod.

Doch der Schaffner wird steinalt.
Hinten ist es nicht so kalt.
Auch isst er niemals trocken Brot.
Das Trinkgeld hilft ihm aus der Not.

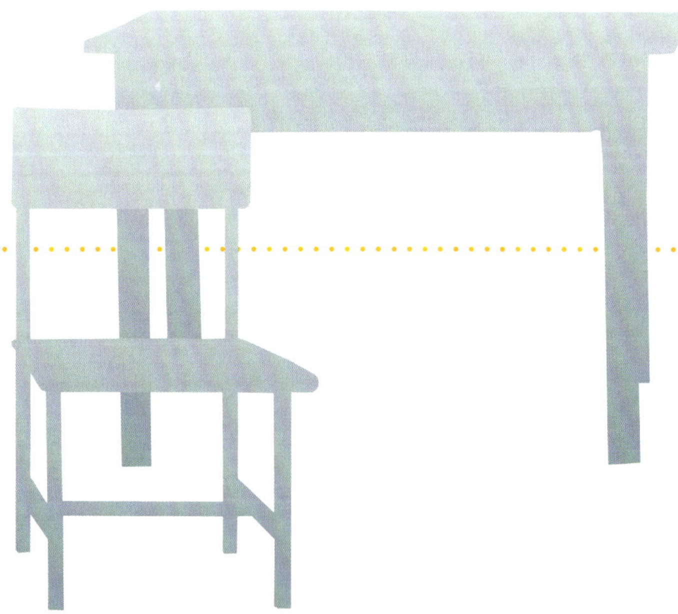

Auf der Zeitfahrkarte des Schlosserlehrlings Kurt Lesch für den Monat Dezember 1909 ist zu sehen, dass er für zehn Teilstrecken auf zwei Linien 10 Reichsmark bezahlen muss.

Die Dresdnerinnen und Dresdner reden ein Wörtchen mit – die Linien- und Tarifreform 1909

In den ersten beiden Jahren nach der Vereinigung sind einige Regelungen zu Tarifzonen und Streckenführungen noch ineffizient und verbesserungswürdig. Doch das soll sich bald ändern. Der Ausbau des Straßenbahnnetzes entwickelt sich zu einer Angelegenheit mit aktiver Bürgerbeteiligung. 1908 werden die Einwohnerinnen und Einwohner Dresdens per öffentlicher Bekanntmachung aufgefordert, ihre Verbesserungsvorschläge einzureichen. Und das tun sie reichlich. Viele Anregungen werden berücksichtigt, und am 1. Oktober 1909 tritt die Reform in Kraft. Sie optimiert das Liniennetz, angepasst an die Bedürfnisse der Bevölkerung, und macht die Tarife transparenter.

Ab 1909 gehören 18 Straßenbahnlinien zum aktiven Netz der Dresdner Straßenbahngesellschaft. Dieses wird in vier Zonen unterteilt, für die Teilstrecken festgelegt werden. Eine Fahrt, bei der man bis zu vier Teilstrecken zurücklegen kann, kostet 10 Pfennig. Für je 5 Pfennig mehr kann der Fahrgast zwei weitere Teilstrecken nutzen. Mit einer Zeitkarte sinkt der Preis sogar noch. Zum Vergleich: Für einen Laib Brot, das ein Kilogramm auf die Waage bringt, legt man zu jener Zeit 28 Pfennig auf die Bäckertheke.

Friedrich August III., König von Sachsen, Porträt 1904.

Ein Omnibus der Firma NAG auf der ersten Omnibuslinie 1914 Neustädter Bahnhof – Nürnberger Straße. Im August 1914 werden diese Fahrzeuge von der Heeresverwaltung beschlagnahmt.

Vorschrift ist Vorschrift – ein königlicher Zwischenfall

Wie stark das stadtbürgerliche Selbstbewusstsein der Straßenbahngesellschaft gewachsen ist, zeigt eine kleine Anekdote aus dem Jahr 1912. Am 7. Juli des Jahres macht der sächsische König Friedrich August III. von seiner Villa in Wachwitz aus einen Spaziergang mit einem seiner Hunde. Wegen der großen Hitze will er vom Körnerplatz mit der Straßenbahn zurückfahren. Die Beförderungsbestimmungen erlauben die Mitnahme von Hunden jedoch nur auf der vorderen Plattform des Beiwagens. Der König will auch eben diese Plattform der ankommenden Linie 18 betreten. Der Fahrplan sieht jedoch vor, dass der Beiwagen in Loschwitz abgehängt werden soll und wieder in Richtung Stadt mitzunehmen ist, wobei die vordere Plattform zur hinteren Plattform umgruppiert wird. Der Triebwagenschaffner erkennt seinen König, grüßt ihn militärisch und sagt: »Nein, Majestät, mit dem Hund kann ich Sie nicht mitnehmen.« Daraufhin der König: »Was? Du willst mich nicht mitnehmen? Na, dann muss ich eben laufen.« Was der König dann auch tut.

Wir kennen die Geschichte nur, weil der Gendarmerie-Wachtmeister Jäckel die Szene beobachtet und in der Hoffnung auf eine Beförderung meldet. Eine Woche später liegt die Angelegenheit beim sächsischen Innenminister. Der bittet darum, in Zukunft derartige Vorschriften zwischen den städtischen Kollegien, dem königlichen Kommissar für elektrische Bahnen und dem Innenminister abzustimmen.

Ergänzung statt Konkurrenz – die Kraftomnibusse

Im April 1914 schafft die Dresdner Straßenbahngesellschaft einen kleinen Fuhrpark von zwölf Kraftomnibussen an und nimmt sie im Linienverkehr in Betrieb. Sie sollen die Strecken flexibel ergänzen, auf denen keine Straßenbahnen fahren können oder die für ein Schienennetz nicht rentabel genug sind. Jeweils sechs Fahrzeuge werden von der Daimler Motorengesellschaft und der NAG (Neue Automobil AG) geliefert. Die Vierzylinder fahren mit 30 PS. Sie bieten zwölf Sitz- und acht Stehplätze. Der Fahrgastraum ist aus Holz und in den sächsischen Farben grün-weiß gestrichen. Er erinnert eher an eine Kutsche als an einen Bus. »Die Herren von der gummierten Fraktion sind uns noch ein bisschen fremd«, zweifelt allerdings Paul Korf. »Mal sehen, ob sich das durchsetzt mit diesen Bussen.«

1914 – der schöne Sommer mit einem hässlichen Ende

Die neue Buslinie zwischen Bahnhof Neustadt, Hauptbahnhof und Nürnberger Straße wird gut angenommen. Die Strecke ist beliebt, und die Omnibusse entlasten gerade zu Stoßzeiten das Straßenbahnnetz. Doch als Ende Juli 1914 der Krieg ausbricht und im August die allgemeine Mobilmachung beginnt, werden auch die zwölf Kraftomnibusse der Dresdner Straßenbahngesellschaft für den Fronteinsatz eingezogen.

Ein Bus der Firma NAG beim Einsatz im Ersten Weltkrieg in Frankreich.

KRIEGSWIRTSCHAFT, INFLATION UND IMPROVISATION

Die unmittelbaren Auswirkungen des Ersten Weltkriegs sind auch für die Stadt Dresden sehr schwer zu schultern. Die allgemeine Mobilmachung und damit der Abzug vieler Männer zum Fronteinsatz, die Umstellung der meisten industriellen Bereiche auf die Kriegswirtschaft, der gestörte weltweite Handel und das Fehlen von Materialien und Lebensmitteln bringen für die Dresdner Straßenbahngesellschaft katastrophale Einbrüche und Umstellungen mit sich. Der Krieg macht die Armen noch ärmer, verschont aber auch den Mittelstand nicht. Trotzdem muss der Personenverkehr in Dresden wenigstens teilweise aufrechterhalten werden. Unter diesen Bedingungen ist ein gewisses Talent zur Improvisation gefragt.

Frauen an die Arbeit!

Die Männer sind mit dem Krieg an die Front gezogen und hinterlassen eine große Leerstelle. Gelernte und qualifizierte Fachkräfte, Schlosser, Gleisbauer, Elektriker, Techniker, Fahrer und Schaffner fehlen von einem Tag auf den anderen an ihrem Arbeitsplatz. Im Freudentaumel und Irrglauben, dass der Krieg nach ein paar Monaten zu Ende sein wird, haben sie ihr Werkzeug gegen eine Waffe getauscht.

»Wir waren wie berauscht und wollten, dumm wie wir waren, unbedingt in den Krieg ziehen«, erinnert sich Paul Korf später an diese ersten Tage des Krieges. »Ich hatte mich schon Anfang August freiwillig gemeldet und meine Fahrermütze gegen die Pickelhaube getauscht. Erst in den Schützengräben von Verdun bin ich aufgewacht und habe meinen Irrtum bitterlich bereut.«

Der Erste Weltkrieg dauert vier Jahre und verändert Europa maßgeblich. Während die Männer auf den Schlachtfeldern verbluten, nehmen die Frauen zu Hause die Dinge selbst in die Hand.

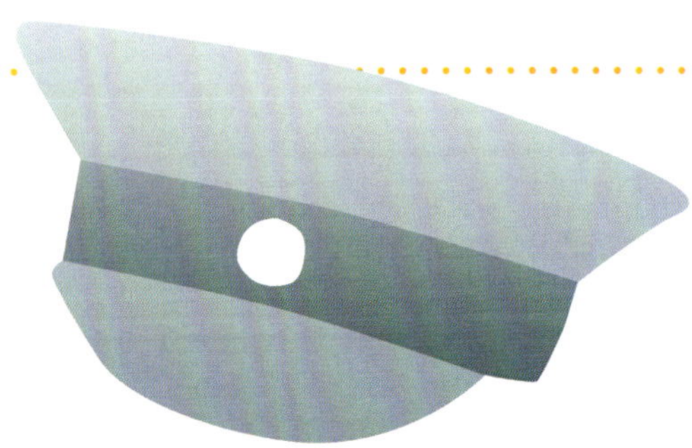

Frauen an der Heimatfront

Weil die Männer im Krieg dienen, werden bei der Städtischen Straßenbahn erstmals Schaffnerinnen eingesetzt. An ihren Mützen tragen sie Personalnummern, damit sie im Beschwerdefall identifiziert werden können.

Gleichberechtigung aus der Not geboren

1914 ist es neu und ungewohnt, dass eine Frau in einem öffentlichen Beruf »ihren Mann steht« und als Schaffnerin, an einer Maschine in der Industrie oder auf dem Fahrstand einer Straßenbahn arbeitet. Bisher arbeiteten Frauen in Pflegeberufen, Kantinenküchen, als Bürohilfen, im Telefonamt oder als Reinigungskräfte. In den nächsten vier Jahren werden sie mit unbändigem Fleiß und unter schwersten Bedingungen diese alte Ordnung auf den Kopf stellen. 1918 erkämpfen sie sich damit ihr allgemeines Wahlrecht. Während des Krieges kann und will sich die Städtische Straßenbahn zu Dresden keine Vorurteile oder falschen männlichen Berufsstolz leisten. Frauen arbeiten jetzt nahezu in allen Bereichen.

Frauen am Pult

Im Ersten Weltkrieg werden Frauen bei der Städtischen Straßenbahn auch in der Verwaltung eingesetzt. Gut möglich, dass diese Dame hier gerade Buchhaltungsaufgaben erledigt.

Der Betrieb bleibt aufrecht mit Überstunden, Teuerung und knurrenden Mägen

Zwischen 1914 und 1918 kämpft die Dresdner Straßenbahngesellschaft überall mit Defiziten. Straßenbauarbeiten oder der Ausbau des Schienennetzes finden mangels qualifizierter Arbeitskräfte kaum statt. Das betrifft auch die Reparaturen und Durchsichten des Wagenparks. Demzufolge fallen Wagen oder ganze Züge aus und können nicht schnell genug repariert werden. Streckenabschnitte müssen gekürzt, Taktzeiten verlängert oder ganze Linien vorübergehend eingestellt werden. Weil in der Stadt Pferde und Kraftwagen fehlen, muss die Straßenbahn zeitweise auch Gütertransporte übernehmen. Bei Oberleitungsarbeiten wird Kupfer durch minderwertiges Eisen ersetzt. Es bleibt kaum Zeit, die neuen Schaffnerinnen einzuarbeiten. Deshalb werden kurzerhand die Tarife vereinfacht.

Vier harte Jahre auf beschränkten Gleisen

In den Kriegsjahren verringert sich die Anzahl der Streckenkilometer und Personenbeförderungen immens. Die Einnahmen der Gesellschaft sinken. Steigenden Lebenshaltungskosten stehen geringe Löhne der Arbeiter und Arbeiterinnen gegenüber. In den Kriegsjahren bekommt eine Schaffnerin 16,80 Mark pro Woche. Dafür arbeiten sie mitunter 12 bis 16 Stunden am Tag, bis zur völligen Entkräftung. Das wenige Geld reicht nicht einmal für die Lebenshaltungskosten. Mangelernährung und Erschöpfung sind die Folge. Ausgleichszahlungen werden nicht oder erst zu spät angewiesen.

»Mein Mann kämpft in Frankreich und wir leben von der Hand in den Mund«, erzählt Elisabeth Korf. »Sie haben Fahrerinnen gesucht. Da habe ich mich gemeldet. Ich bin ja bei Paul schon oft vorn mitgefahren und weiß, wie man die Straßenbahn fährt«, sagt sie und streicht dabei stolz über den Ärmel ihrer Uniformjacke.

Geldscheine in Schubkarren, Tarifchaos und horrende Fahrpreise

Der Krieg ist 1918 endlich vorbei. Die Not der Bevölkerung ist es aber lange noch nicht. Die Städtische Straßenbahn kämpft sich tapfer durch die Kriegsjahre, immer in dem Willen, auch in Kriegszeiten eine Personenbeförderung aufrechtzuerhalten. Doch das Deutsche Kaiserreich hat den Krieg mit der Druckerpresse und Staatsanleihen auf Pump finanziert. Die Inflation, die bis 1923 zu einer Hyperinflation werden wird, ist die Folge. Am Ende kostet das Brot und das Dutzend Eier mehrere Millionen Mark, und die Menschen transportieren das wertlose Geld in Schubkarren und Säcken zum Bäcker um die Ecke. Die Tickettarife der Städtischen Straßenbahn zu Dresden werden täglich aktualisiert. Die teuerste Bahnfahrt dieser Tage kostet 150 Milliarden Mark. Tarife, Vergütungen, Löhne, Pensionen – all das droht ins Chaos zu stürzen.

Rückkehr der Pferde

In den Wintern 1918 und 1919 gibt es an über 100 Tagen nicht genügend Kohle für den Fahrstrom. Der Betrieb wird teilweise ganz eingestellt oder mit vorgespannten Pferden überbrückt. Dabei ist es ein Wunder, dass man überhaupt noch Pferde auftreiben kann, bevor sie von der hungernden Bevölkerung geschlachtet und gegessen werden.

Revolutionen, Achtstundentag und Weimarer Republik

Die Novemberrevolution und die Unruhen im Jahr 1919/20 bringen soziale Fragen zu den Lebensverhältnissen der Arbeitskräfte und den Arbeitsbedingungen auch bei der Straßenbahngesellschaft Dresden auf die politische Agenda. Die Dienstgrade und Vertragsverhältnisse, die kleinen und großen Unterschiede zwischen Beamten, Angestellten und einfachen Arbeiterinnen und Arbeitern werden in langen Verhandlungen zwischen der Direktion und den Interessenvertretern der Straßenbahner neu geregelt. »Seit Kriegsende streiken wir beinahe jede Woche. Wir haben die Schnauze voll und wollen endlich mehr Rechte!«, fordert Paul Korf.

Der erste Tarifvertrag – umfangreiche Rechte für alle Arbeitnehmer und Arbeitnehmerinnen

1919 wird der erste Tarifvertrag zwischen den Arbeitgeberverbänden und den Arbeitnehmern und Arbeitnehmerinnen im Bereich Personenbeförderung geschlossen. Er setzt den Achtstundentag fest, regelt Fragen zu Überstunden, Urlaubsansprüchen, Sonderarbeitszeiten und der Entlohnung. Der Vertrag sichert den Arbeitskräften Lohnfortzahlungen im Krankheitsfall zu und verbrieft das Recht auf Kündigungsfristen. Das ist ein entscheidender Durchbruch für die Rechte der Arbeitnehmer und Arbeitnehmerinnen.

Die Kraftomnibusse sind wieder da

1925/26 schafft die Dresdner Straßenbahngesellschaft 53 dreiachsige Büssing-Hochrahmenbusse mit jeweils 31 Sitz- und 17 Stehplätzen an. Ab 1929 gibt es acht Omnibuslinien. Seitdem sind die Busse ein fester Bestandteil der Straßenbahngesellschaft in jener Zeit.

Lackierer als Meister ihres Fachs

Die Lackierer der Wagen sind wahre Künstler ihres Fachs. Sie setzen den Farb- und Lackauftrag so akkurat auf die Holz- und Metallverkleidungen, dass die Flächen wunderbar glänzen. Wie gedruckt und poliert wirken die Zahlen der Fahrzeugnummern auf den Oberflächen.

Paul Gruner und der Betriebsrat

Gewerkschaftsähnliche Interessenverbände sorgen auch bei der Städtischen Straßenbahn zu Dresden dafür, dass die neuen Rechte der Arbeitnehmer und Arbeitnehmerinnen eingehalten werden. Das neue Betriebsrätegesetz vom Februar 1920 erlaubt es ihnen, dafür im Unternehmen einen Betriebsrat zu gründen. Der erste und wohl auch berühmteste Betriebsratsvorsitzende der Dresdner Straßenbahnbetriebe ist der Schlosser und Maschinenbauer Paul Gruner. Er arbeitet bis zu seiner Wahl im Straßenbahnhof Tolkewitz. 1921 zieht er als KPD-Mitglied ins Dresdner Stadtparlament ein und beginnt, sich jenen Namen als Politiker und später auch als Gewerkschaftsfunktionär des FDGB zu machen, unter dem man ihn heute kennt.

Das Netz wächst in den Goldenen Zwanziger Jahren

Nach der Währungsreform 1923 beginnen die Goldenen Zwanziger, und die Rentenmark lenkt das Chaos der Inflationszeit in geordnete Bahnen. Die Wirtschaft erholt sich langsam, sodass ab 1925 auch wieder am Straßenbahnnetz gebaut wird. Vor allem in den Jahren 1926 bis 1928 erweitert die Dresdner Straßenbahngesellschaft das Straßenbahnnetz stetig. Das zeigen zum Beispiel die Neubaustrecken Fritz-Reuter-Straße – Bürgerstraße, die Neubaustrecke nach Coschütz über den Plauenschen Ring sowie die Eröffnung des durchgehenden Straßenbahnverkehrs nach Leutewitz.

Wilder Mann
Zitzschewig
Trachau
Trachenberge
Hellerau-Rähnitz
Kaditz
Pieschen
Cossebaude
Mickten
Übigau
Großes
Ostragehege
Neustadt
Elbe
Albert-
platz
Friedrichstadt
Leutewitz
Cotta
Sachse
allee
Ockerwitz
Omsewitz
Postplatz
Altstadt
Löbtau
Stübel-
platz
Wölfnitz
Pennrich
Gorbitz
Wiener
Platz
Großer
Garten
Que
Südvorstadt
Dölzschen
Plauen
Räcknitz
Strehlen
Zschertnitz
Mockritz
Coschütz
Kaitz
Leubnitz-Neuostra
Freital-Hainsberg
Gittersee

1929

Ende der 1920er Jahre hat das Streckennetz eine Dichte, die es bis heute nicht wieder erreicht hat. In den Stadtplänen dieser Zeit ist deutlich zu sehen, dass sich die Außenbezirke umso schneller entwickeln, je besser sie vom ÖPNV-Netz erschlossen sind.

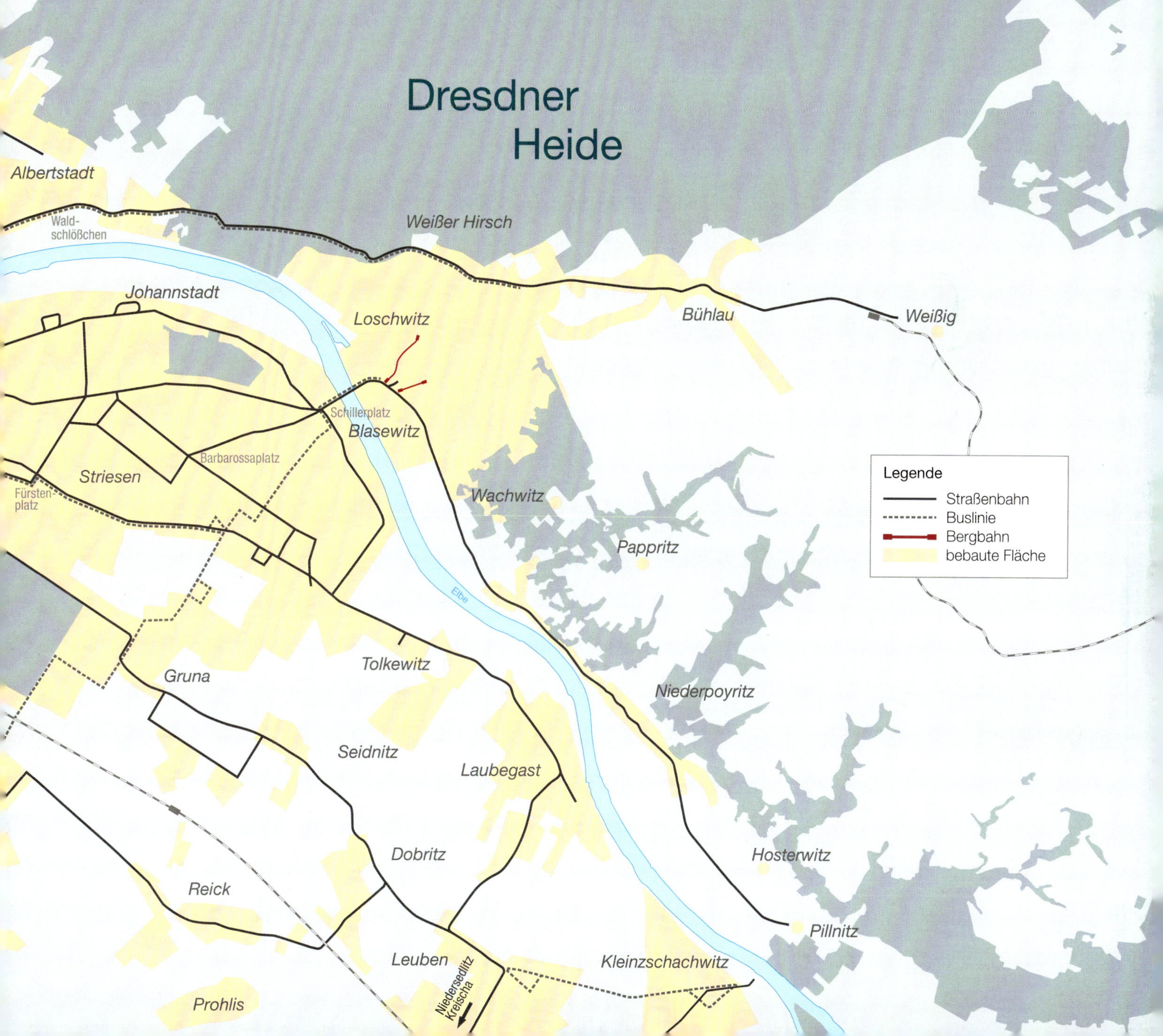

Betriebshöfe und ihre Werkstätten

In den 1920er Jahren erlebt das Handwerk der Straßenbahnschlosser, Elektriker und Wagentechniker eine besondere Blütezeit. In den Betriebshöfen werden viele Wagen liebevoll gewartet, repariert und umgebaut. Dafür entstehen in den Werkstätten spezialisierte Arbeitsbereiche – wie hier beim Motorenbau in Tolkewitz.

1928/29 erreicht das Netz seine größte Ausdehnung für die nächsten Jahrzehnte. Zugleich werden die Schienenprofile schwerer, man wechselt von Längs- auf Querschwellen, und die Schienen werden länger – was die Fahrgäste natürlich am meisten freut. Schließlich »bumpert« es dann während einer Fahrt deutlich weniger.

Die neue Dresdner Straßenbahn AG

Die 1920er Jahre enden einerseits mit einer guten Bilanz in vielen technischen und strukturellen Entwicklungen. Die Zahl der Beschäftigten ist auf 5 270 gestiegen. Die Stadt Dresden wächst nach dem Krieg stärker als je zuvor und mit ihr der Personennahverkehr. Andererseits drückt die große Wirtschaftskrise ab 1928 auf die Stimmung und sorgt für finanzielle Einbrüche.

Straßenbahnschlosser: Harter Job, einfaches Werkzeug

Franz Hahn beginnt 1925 seine dreijährige Ausbildung zum Straßenbahnschlosser im neu eröffneten Depot Reick.

»1926 war ich 16 Jahre alt. Mein Vater meinte, ich solle zur Straßenbahn gehen und was Richtiges lernen. Er kannte den Betriebshofverwalter in Reick und verschaffte mir eine Lehre als Schlosser.« 1929 bekommt Franz Hahn vom Vorstand der Schlosser-Innung Dresden seinen Gesellenbrief ausgestellt. »Als Schlosser kannst du alles, was mit Metall zu tun hat. Wenn uns ein Werkzeug fehlte, haben wir es einfach hergestellt. Gerade in den 20er Jahren kam die Straßenbahn in Dresden richtig in Schwung, und wir hatten alle Hände voll zu tun.«

Als Schlosser bei der Städtischen Straßenbahn zu arbeiten ist abwechslungsreich, aber auch hart. Im Winter in den unbeheizten und zugigen Hallen an den schweren Wagen zu schrauben, fordert viel von den Arbeitern. Alles geschieht in Handarbeit. Die Männer kümmern sich um sämtliche Fahrzeugteile. Sie wechseln Teile am Kardanantrieb oder den Klotzbremsen, reparieren defekte Lager, Blattfedern und Kupplungen. In den Wagenkästen tauschen sie Sitze oder schweißen kaputte Stellen an den Pressblechrahmen und Schiebetüren.

»Anfang der 30er Jahre kam der Große Hecht. Der war mit seinen vier 55-KW-Motoren und den zweiachsigen Drehgestellen eine echte Revolution. Für uns Schlosser war es daher was Besonderes, diese Wagen in Schuss zu halten.«

Der Vorsitzende des Straßenbahnmuseums Dresden e.V. Sven Wierick steuert auch heute noch begeistert den kleinen Hechtwagen durch Dresden.

Um als Unternehmen flexibler, schneller und unbürokratischer agieren zu können, wird am 1. Januar 1930 die Städtische Straßenbahn in die privat geführte Dresdner Straßenbahn AG umgewandelt. Die Stadt sichert sich ihren Einfluss über Sitze im Aufsichtsrat.

Der Hechtwagen – modern und blitzschnell

Beinahe zeitgleich mit der Privatisierung erobert ein neuer Triebwagen die Schienen der Stadt: der »Hecht«. Kompromisslos modern und elegant, technisch raffiniert, schnell und mit höchstem Komfort für Fahrer und Fahrgäste ausgestattet – so kommt der neue Hechtwagen daher. Sein Erfinder ist nicht nur Techniker und Nahverkehrsfachmann, sondern auch Philosoph und Ästhet in einer Person. Alfred Bockemühl schafft

Wandel auf Achsen

Mit dem Hechtwagen fährt die Straßenbahn in eine neue Zeit. Er verkörpert in Form und Funktion die Vision des Wandels. Sein Erfinder Alfred Bockemühl steht links auf dem Bild.

als Ideengeber für eine neue Konstruktion mit dem »Hecht« nicht nur einen neuen Straßenbahntyp. Vielmehr stößt der spätere Direktor der Dresdner Verkehrsgesellschaft die Türen zu einer neuen Ära des Nahverkehrs auf. Der Hechtwagen wird in Dresden entwickelt und in Niesky gebaut und ist nach seiner Einführung sofort weltweit in aller Munde – und bis heute noch auf so mancher Schiene.

Der »Große Hecht« in Zahlen

Vierachsig mit zwei Drehgestellen. Gestaltet im Bauhausstil. 15,5 Meter lang. Bis zu 75 Stundenkilometer schnell. Ausgestattet mit 36 lederbezogenen Sitzplätzen. Gesteuert von einem sitzenden Fahrer in vollständig geschlossener Fahrerkabine, die aber auch eingeklappt werden kann, um mehr Stehplätze zu erzeugen. Mit einem Zentralfahrschalter in 16 Fahr- und Bremsstufen per Knopfdruck und Pedal. Ausgerüstet mit Rückspiegeln, vollständig fahrstromgesteuerten Scheibenwischern, einer Signalglocke und einer per Kettenzug bedienbaren Tür. Ab 1934 fährt auf weniger frequentierten Strecken der »Kleine Hecht« mit zwei Achsen und zwei Motoren gleicher Leistung.

Die Form folgt der Funktion

Seinen Namen trägt der Hechtwagen wegen seiner spitz zulaufenden Frontpartie, die an einen Hecht erinnert. Dank dieser speziellen Schnauze kann er trotz seiner Länge in Kurven an anderen Straßenbahnen vorbeifahren.

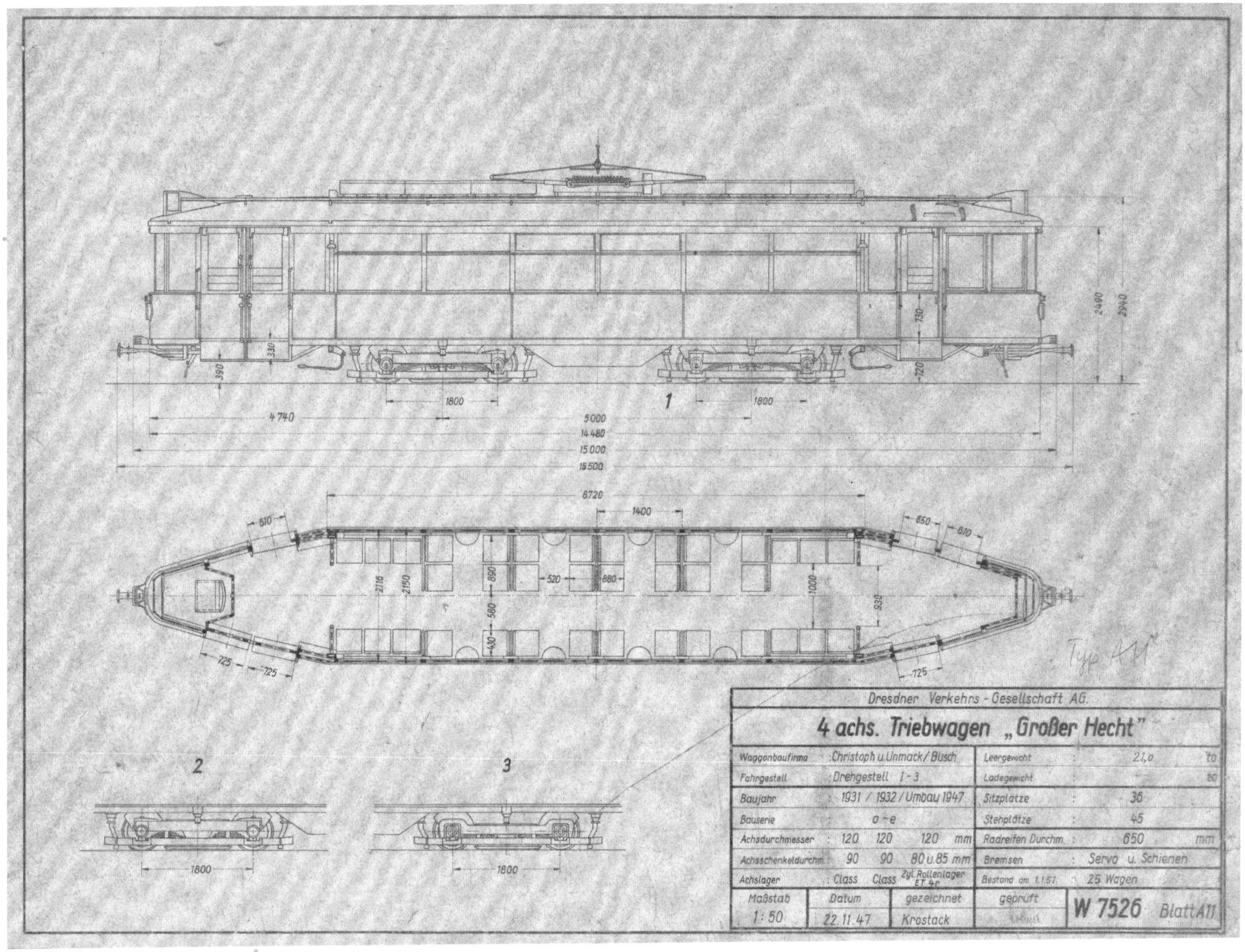

Doch die Gründe, die zur Entwicklung des Hechtwagens führen, sind visionärer als dieses kleine technische Detail. In einer Zeit immer stärker werdenden Verkehrsaufkommens will Alfred Bockemühl die Straßenbahn gegenüber anderen Verkehrsmitteln emanzipieren. Sie soll eine echte Alternative zum Automobil sein. Um als Verkehrsmittel der Zukunft zu funktionieren, muss sie aber größer und wendiger werden und zugleich bequemer, sicherer und schneller sein.

Der »Hecht« erobert die Stadt

Der große Hechtwagen ist im Sommer 1936 auf der Linie 15 unterwegs und passiert gerade den Postplatz. (Leider ist die Glasplatte mit dem Originalbild bei den Verkehrsbetrieben nicht unbeschadet durch die Zeit gekommen.)

Große und kleine Jungs

Als der »Hecht« ab 1931 durch die Stadt fährt, zieht er die Blicke vieler großer und kleiner Jungs an und weckt den Wunsch, Straßenbahnfahrer zu werden. Der in Dresden aufgewachsene Dr. Peter Ohle erinnert sich: »In den Hofpausen haben wir die Fahr- und Bremsgeräusche und das Bimmeln des Hechtwagens nachgeahmt. Einer von uns konnte sogar die Notbremse imitieren. Wenn das Geräusch kam, stießen die kurvenden Schüler demonstrativ zusammen und der Straßenbahnverkehr im Klassenzimmer kam kurz zum Erliegen. So lange, bis einer zur nächsten Fahrt blies.«

Wer die Bahn nutzt, schwärmt noch heute vom Fahrkomfort – wie zum Beispiel Sven Wierick: »Modern, mit einer extremen Laufruhe und zugleich einer guten Beschleunigung – dafür stand der ›Große Hecht‹«, sagt der Vorstandsvorsitzende des Straßenbahnmuseums Dresden e.V.

VORZEICHEN DER KOMMENDEN DUNKLEN JAHRE

Diese 1930er und 1940er Jahre aus der Perspektive des Dresdner Personenverkehrs zu erzählen, zwingt zu zwei unterschiedlichen Blickwinkeln. Auf der einen Seite stehen die systemkonformen Deutschen, die in den ersten Jahren des Nationalsozialismus zwischen 1933 und 1939 ihren Alltag leben können. Auf der anderen Seite finden sich plötzlich ausgegrenzte und verfolgte Minderheiten wie Juden, Homosexuelle oder politisch Verfolgte der KPD, SPD und anderer Parteien. Diese zweigeteilte Gesellschaft gibt es auch in den Werkstätten, Straßenbahnen und Verwaltungsbüros der Dresdner Straßenbahn AG.

Aufschwung und Bedrohung

Die Nationalsozialisten profitieren nach der Machtübernahme vom wirtschaftlichen Aufschwung der frühen 1930er Jahre und verkaufen ihn als ihren Erfolg. Ab 1933 schränken sie die Privatwirtschaft ein und zentralisieren beispielsweise die Auftragsvergabe der Städte und Kommunen. Die Rüstungsindustrie wird wieder angekurbelt. Die Arbeitslosigkeit sinkt, und vielen Menschen geht es scheinbar besser. Von diesem Trend profitiert auch die Dresdner Straßenbahn AG. Die Beförderungsleistungen steigen zwischen 1934 und 1937 rapide an.

Einmal ins Blaue bitte

Zur Erhöhung der Einnahmen bietet die Straßenbahn AG ab 1933 Ausflugsfahrten, sogenannte Fahrten ins Blaue und an den Abenden Fahrten ins Schwarze an, ab 1936 kann man an Stadtrundfahrten teilnehmen. Alle diese Angebote sind unter der Bevölkerung sehr beliebt, auf dem Bild zu sehen ist die 25. Fahrt ins Blaue als Kinderblaufahrt.

Doppelstockbus 101

Im Dezember 1938 fährt erstmals ein Doppelstockbus durch die Stadt. Seine Beschaffung ist auch ein Verdienst Alfred Bockemühls und hat zum Ziel, mehr Fahrgäste befördern zu können. Den Auflieger baut der Fahrzeugbau Schumann in Werdau, die Zugmaschine ist ein Opel-Blitz. Die Dresdner Bevölkerung liebt den Bus, obwohl er einige Mängel aufweist. Auch aufgrund der Kriegsvorbereitungen kommt es nicht zur Serienproduktion. Der Bus verbrennt im Februar 1945 im Bombenhagel. Die Konstruktion aber bildet einige Jahre später die Basis für den Bau ähnlicher Sattelschlepperzüge bei den Berliner Verkehrsbetrieben.

Auf der Düsseldorfer Fahrzeugschau 1938 stellt die Dresdner Straßenbahn AG das Design ihrer neuen Fahrzeuge vor: Das Flügelwappen auf cremefarbenem Untergrund mit drei braunen Zierleisten soll an die schön geschwungenen Blattfedern der Straßenbahn erinnern.

Die sogenannten Arbeitsmaiden absolvieren 1941 einen Lehrgang, um fortan als Schaffnerinnen ihren Dienst bei der Dresdner Straßenbahn AG verrichten zu können.

Entlassungen, Verfolgungen, Gleichschaltung

Direkt nach der Machtübernahme der Nationalsozialisten 1933 geht ein Erlass an die Dresdner Straßenbahn AG. Darin wird das Unternehmen aufgefordert, Juden, KPD-Mitglieder, Gewerkschafter und Sozialdemokraten zu entlassen. Laut Geschäftsbericht des Jahres sind davon auf einen Schlag 384 Beschäftigte, darunter zehn Beamte, betroffen. Die freien Stellen sollen mit SA-Leuten, alten nationalsozialistischen Kämpfern und »volksdeutschen Sachwaltern« besetzt werden.

Viele Entlassene geraten dadurch in Existenznot. Außerdem hinterlassen die hochqualifizierten Arbeitskräfte eine schmerzhafte Lücke, die so schnell nicht geschlossen werden kann. Viele von ihnen treten in die NSDAP ein, entweder aus Überzeugung oder aus existenzsicherndem Opportunismus.

Neue Kriegsjahre und alte Probleme

In den 1930er Jahren herrscht in Dresden ein Gefühl zwischen Wirtschaftseuphorie und Anpassung, aber auch Angst und Verunsicherung. Die Gesellschaft ideologisiert sich und läuft mehr und mehr im Gleichschritt Richtung Krieg. Die Versorgung scheint intakt, und eine Art trügerische Normalität liegt über der deutschen Bevölkerung, zumindest jener mit »Ariernachweis«.

Das ändert sich schlagartig, als am 1. September 1939 mit dem Überfall auf Polen der Zweite Weltkrieg beginnt. Die allgemeine Mobilmachung ruft auch dieses Mal alle Männer im wehrfähigen Alter an die Front. Die Dresdner Straßenbahn AG verliert einen Großteil ihrer qualifizierten Mitarbeiter und versucht dies auszugleichen, indem sie Frauen einstellt. Die »Arbeitsmaiden« sollen ihren Dienst an der Heimatfront tun. Nach kurzer Zeit gibt es so viele Frauen im Unternehmen, dass ein Frauenarzt eingestellt wird.

»Weil so viele Leute fehlen, muss ich jetzt wieder zehn Stunden Bahn fahren«, zeigt sich in jener Zeit auch Paul Korf als erfahrener Bahnfahrer genervt. Er ärgert sich weniger über seine zusätzlichen Stunden, sondern mehr über den neuen Schaffner. »Viele unserer Schaffner sind im Osten an der Front und ich kriege öfter so einen jungen Aushilfsschaffner in den Wagen gestellt. Der hat von nichts eine Ahnung, ist dafür aber voll auf Parteilinie. Das genügt ja heutzutage bereits. Und das kurz vor meiner Pensionierung ...«

Kriegsgefangene, Fremdarbeiter und Judendiskriminierung in Dresden

Für schwerere Arbeiten an den Oberleitungen oder beim Gleisbau oder in den Werkstätten setzt die Dresdner Straßenbahn AG zunehmend russische Kriegsgefangene ein. Englische und französische Kriegsgefangene müssen in den Werkstätten arbeiten. Auch etliche Italiener, Dänen, Niederländer, Belgier, Slowenen, Kroaten und Tschechen werden als Schaffner »dienstverpflichtet«, wenn sie die deutsche Sprache einigermaßen beherrschen. Insgesamt beschäftigt die Dresdner Straßenbahn AG in dieser Zeit 396 Ausländer aus 14 verschiedenen Staaten.

Zu den dunkelsten Kapiteln der Dresdner Straßenbahn AG gehört der Umgang mit den noch verbliebenen Juden und Jüdinnen in der Stadt. Den allgemeinen politisch ideologischen Vorgaben folgend, hat die Direktion im März 1942 ein Dekret erlassen, das ihre Beförderung in den Straßenbahnen und Bussen untersagt. Ausnahmen sind möglich, wenn ein jüdischer Fahrgast eine bescheinigte Sondererlaubnis wie beispielsweise einen Arbeitsausweis bei sich trägt. Das Verbot wird von vielen Menschen in Dresden durchaus unterstützt. »Das unangenehmste ist, wenn man in dem Gedränge [...] in unmittelbarer Nähe einer Judenfratze steht«, echauffiert sich ein

Schweißperlen auf der Stirn

Zwei Wagen aneinanderzukuppeln ist eine körperlich schwere Arbeit, der sich auch die Schaffnerinnen stellen müssen.

Einer von 400 Zwangsarbeitern

Der englische Soldat James Leslie Ransom wird 1944 von der Wehrmacht festgenommen und nach Tagen größter Entbehrung und Ungewissheit in einem Internierungslager schließlich nach Dresden gebracht. Hier ist er gemeinsam mit 20 seiner Kameraden in der Straßenbahnwerkstatt Tolkewitz zu Zwangsarbeit verpflichtet. 2012 kommt er als 90-Jähriger noch einmal nach Dresden und durchlebt sehr emotionale Momente.

Bürger in einer Zuschrift an die Dresdner Straßenbahn im Volkszorn. »Das Gedränge nehmen wir gerne in Kauf! Aber die Judenfratze nicht!« Zugleich ergreifen andere »Arier« Partei für die Juden und Jüdinnen in der Bahn, und auch das Straßenbahnpersonal scheint die Umsetzung des Verbots eher oberflächlich und nicht immer im Sinne des Faschismus zu handhaben.

Dunkle Tage vor den dunkelsten Stunden Dresdens

Je näher der Krieg aus der Luft dem deutschen Boden kommt, desto deutlicher werden seine Auswirkungen auch im Alltag. Beziehungsweise in der Nacht. Aus Angst vor Bombenangriffen muss Dresden dunkel bleiben, um den Angreifern so wenig Orientierung wie möglich zu bieten. »Der Verdunkelungszwang war sehr unangenehm«, erinnert sich Mario Schatz, einst Maschinenschlosserlehrling und zuletzt Assistent beim Direktor für Fahrzeuginstandsetzung. Damals war er zarte 13 Jahre alt. »Die Lampen im Wagen waren verblendet und hatten röhrenartige Aufsätze, damit der Schaffner darunter einen Fahrschein ausgeben konnte. Fenster und Scheinwerfer waren verblendet, entweder mit Farbe oder Pappe. Dadurch fuhren die Fahrer quasi blind – mit teilweise folgenschweren Unfällen.« Will ein Fahrer die Schlitze vor den Lampen so drehen, dass das Licht besser auf die Schienen fällt, wird er mit dem Tod bestraft. »Straßenbeleuchtung in dem Sinne gab es überhaupt nicht mehr, nur an jeder Kreuzung eine abgeblendete Laterne zur Orientierung. Dadurch sind die Fußgänger auch kurze Strecken mit der Straßenbahn gefahren. Die waren dementsprechend überfüllt …«

Dem langen Schrecken ohne Ende folgt das schreckliche Ende

Die überfüllten Busse und Bahnen der Dresdner Straßenbahngesellschaft fahren auch am Abend des 13. Februar, bis die ersten britischen und amerikanischen Bomberverbände die Stadt erreichen. Bis auf zwei kleinere Angriffe im Herbst 1944 und im Januar 1945 ist die Stadt bisher nicht bombardiert worden. Die Dresdner und Dresdnerinnen leben in den letzten Kriegsmonaten in dem Glauben, verschont zu bleiben. Ein schrecklicher Irrtum. Am 13. Februar ist Dresden voller Flüchtlinge aus den schon besetzten Gebieten. Eine Flugabwehr gibt es nicht mehr. Die Bomberverbände nähern sich im Schutz der Dunkelheit ungehindert der Stadt. Der Luftalarm wird erst ausgelöst, als es schon zu spät ist. Um 21:45 Uhr bricht die Hölle über die Stadt herein. Einer ersten Angriffswelle folgen zwei weitere in der Nacht und am nächsten Mittag.

Im Februar 1945 wird auch ein Tanklager in der Nähe der Bremer Straße getroffen. Die Rauchschwaden sind kilometerweit zu sehen.

Erinnerungen eines Schaffners

Die Stadt ist dem Erdboden gleichgemacht

Nach den Bombenangriffen liegt die Stadt in Schutt und Asche. Große Teile der Infrastruktur, der Kraftwerke, des Eisenbahnnetzes sowie die Versorgung mit Strom, Gas und Wasser sind entweder vollständig zerstört oder stark beschädigt. Die Dresdner Straßenbahn AG verliert über die Hälfte aller Triebwagen, Wagenzüge, Omnibusse und Betriebshöfe. 75 Prozent des Oberleitungsnetzes sind zerrissen, Trümmer und Bombentrichter machen die Gleise unbenutzbar. Eine Zahl, die den Kahlschlag durch Bomben im Nahverkehr vielleicht am stärksten verdeutlicht: Bis 1944 bewirtschaftete die Dresdner Straßenbahn 185,5 Streckenkilometer und damit bildlich gesprochen eine Distanz von Dresden bis nach Hof in Bayern. Nach den Angriffen sind davon nur noch 8,8 Kilometer befahrbar – vergleichbar mit einer heutigen Streckenlänge vom Dresdner Zentrum bis Prohlis.
Aber was bedeutet das alles im Vergleich zu dem unvorstellbaren menschlichen Leid, den unzähligen Toten, dem Verlust einer ganzen Stadt, dem Untergang einer Metropole? Wo soll unter all dem Leid noch Hoffnung sein?

Herr Malcher, der letzte Schaffner des einzigen Doppelstockbusses in Dresden

»Ich habe den Untergang Dresdens unter den Sodom- und Gomorrha-Höllen der feindlichen Flugzeuge persönlich erlebt. Ich stehe am Ausgangstor meines Lebens und beneide meine toten Geisteskameraden, denen dieses Erlebnis erspart geblieben ist. Wer das Weinen verlernt hat, der lernt es wieder beim Untergang Dresdens.«

Gerhart Hauptmann

Tage der Zerstörung

Ganze Straßenzüge, Häuser und Anlagen, vor allem aber bis zu 35 000 Menschen und 75 000 Wohnungen fallen den Brand- und Sprengbomben der alliierten Flugzeugstaffeln zum Opfer. Die Bomben verwüsten unter anderem die historische Altstadt, die innere Neustadt, die ehemaligen Vorstädte Johannstadt, Seevorstadt, große Teile der Südvorstadt und die alten Ortskerne von Striesen und Gruna. Der Fotograf blickt im Juni 1951 über die Trümmer der Altstadt am Rathausturm vorbei über die Lingnerallee in die Grunaer Straße.

42 Gorbitz
Sonderfahrt
222

1945–1989

NEUBEGINN UND IMPROVISATION

AUS DEM NICHTS ETWAS NEUES SCHAFFEN

Das Ende des Alptraums im April

Die Tage nach dem Angriff. Szenen und Bilder, die sich in das kollektive Gedächtnis der Stadt einbrennen werden. Heute sehen manche die Zerstörung der Stadt als zwangsläufige Folge des Krieges von Nazi-Deutschland, andere möchten Dresden eine zweifelhafte Opferrolle andichten. Doch eines ist sicher: Die einst schillernde, prachtvolle und stolze Metropole mit ihren sensationellen Bauwerken gibt es so nicht mehr. Die Menschen erleben Nächte des Alptraums, auf die schon bald die vollständige Kapitulation Deutschlands folgen wird.

Der klägliche Rest einer ehemals prunkvollen Straßenbahnwartehalle am Georgplatz im Sommer 1946.

Nackte Gebäudeskelette

Dieses Bild – etwa ein Jahr nach der Kapitulation Deutschlands aufgenommen, zeigt, was nach den gröbsten Aufräumarbeiten von der Pirnaischen Vorstadt übriggeblieben ist. Die Ruine des einst so prächtigen Kaiserpalasts an der Nordseite des Pirnaischen Platzes wird 1951 abgerissen.

Elegantes Relikt

Dieser hübsch verzierte Fahrdrahtausleger, der heute an der historischen Wand in der Waltherstraße hängt, befindet sich bis 1983 an der Münchner Straße. Auch diese Strecke ist nach den Angriffen 1945 zerstört worden. 1953 wird die Linie 15 bis zur Nöthnitzer Straße wieder feierlich eröffnet.

Mit einem selbst zusammengezimmerten Turmwagen werden auf der Pfotenhauerstraße 1946 Arbeiten an der Oberleitung durchgeführt.

Gemeinsamer Kraftakt nach dem Inferno

»Um uns herum nur Trümmer, Schutt und Krater – die komplette Zerstörung«, sagt Max Korf kopfschüttelnd, die Sorgenfalten im verstaubten Gesicht fast so tief wie die Krater, die die Bomben auf den Straßen gezeichnet haben. Im größten Chaos packt der Straßenbahnfahrer und Sohn von Paul Korf unmittelbar nach den Angriffen mit seinen Kolleginnen und Kollegen bei den Reparaturen mit an. »Straßen und Gleise instand setzen, Fahrdrähte reparieren, Leitungen ertüchtigen und dann auch noch all die Bahnen wieder zum Laufen zu bringen, die den Angriff irgendwie überlebt haben ...« Mario Schatz erinnert sich noch deutlich an den provisorischen Pragmatismus, der in jenen Tagen herrscht. »Die Oberleitungen in der Stadt wurden an den Ruinen aufgehängt. Manchmal passierte es, dass so eine Ruine der Zugkraft nicht gewachsen war, dann fiel das Haus ein.«

Das große Aufräumen

Mit den Kipploren der Trümmerbahn werden nach Kriegsende die Schuttberge abgefahren. Die Arbeiten dauern bis weit in die 1950er Jahre hinein. Auf dem Foto ist die Schloßstraße im Jahr 1951 zu sehen.

Kriegsende – Verzweiflung, Zuversicht und die sowjetische Besatzung

Am 8. Mai 1945 kapituliert Deutschland. Der Zweite Weltkrieg ist offiziell beendet, und in Dresden setzt die sowjetische Militärkommandantur bereits zwei Tage darauf eine zivile Stadtverwaltung ein. Deren Prioritäten: Stromversorgung, Wiederinbetriebnahme der Straßenbahnen und die Enttrümmerung der innerstädtischen Verkehrswege. Kann man sich heute solch eine unfassbare Situation zwischen Zerstörung und Zuversicht überhaupt noch vorstellen? Sicherlich nur schwierig. Denn angesichts der Bilder einer apokalyptisch verwüsteten Stadt fragt man sich unweigerlich, wie die Menschen in Dresden all die Trümmer, den Schutt und die Ruinen auf den Verkehrslinien so schnell beiseite räumen konnten, um bereits im August 1945 wieder 77 Prozent des alten Straßenbahnnetzes nutzen zu können, nachdem es kurz nach Kriegsende zeitweise auf 8,8 Kilometer und damit auf nur fünf Prozent seines früheren Umfangs geschrumpft war.

Die zerstörten Hallendächer des Betriebshofs Tolkewitz im Juli 1946.

Die Kunst der Improvisation

»Wir haben ein ganz besonderes Talent: Nämlich Notstände durch Improvisation in den Griff zu bekommen«, ist Max Korf überzeugt. »Denn man muss sich vor Augen führen: Arbeitsmittel und Werkzeuge sind knapp, die Betriebshöfe zerstört oder im besten Fall ohne Dach, sodass wir unter freiem Himmel die wenigen verbliebenen Straßenbahnwagen reparieren. Und trotzdem geht es irgendwie.« Dieses »Irgendwie« zeigt sich unter anderem darin, dass alles, was Achse und Räder hat und noch einigermaßen betriebsbereit ist, auf der Schiene zum Einsatz kommt.

Werkzeug, Kräne, Bagger, Stahl, Glas – alles Mangelware

Weil die Stahlproduktion für große Schienenelemente größtenteils in der westlichen Besatzungszone Deutschlands ansässig ist, hat die Dresdner Straßenbahn auch bei der Versorgung mit Schienen und Maschinen spürbare Probleme. Das Unternehmen behilft sich oftmals, indem es die Gleise nicht mehr befahrbarer Strecken ausbaut und die Schienen kurzerhand für Reparaturen an anderer Stelle benutzt. Die Wiederinbetriebnahme der wichtigsten Straßenbahnverbindungen hat dabei Vorrang, sodass nicht nur

Eine folgenschwere Entscheidung

Beim letzten Luftangriff auf Dresden am 17. April 1945 wird auch der Betriebshof Waltherstraße getroffen, in dem kurz zuvor zahlreiche schadhafte Straßenbahnwagen aus dem Stadtzentrum abgestellt wurden. Viele davon sind nun total zerstört.

Mit Muskelkraft und Teamwork biegen Arbeiter im April 1947 ein Schienenelement auf dem Werkplatz Reick.

Gleise von Strecken verwendet werden, die in zerstörte Gebiete führen, sondern auch von anderen, weniger frequentierten Streckenteilen, die zunächst nicht unbedingt gebraucht werden. Viele dieser Strecken werden zu diesem Zeitpunkt als vorübergehend stillgelegt bezeichnet, mit dem Hintergedanken, sie später wieder in Betrieb zu nehmen – teilweise wird darüber noch heute diskutiert, sobald es um den Netzausbau geht.

Beim Rückbau der Gleise ist allerdings an Kräne, mechanisierte Hebezeuge oder Schaufelbagger nicht zu denken. Sehr viele Arbeiten müssen die Dresdner daher mit Schaufeln, reinem Körpereinsatz oder mithilfe von primitivsten Flaschenzugkonstruktionen erledigen – was sie nicht davon abhält, selbst tonnenschwere Objekte wie Kabelmasten mit purer Muskelkraft zu errichten.

»Trotz der großen Zerstörung ist der Straßenbahnverkehr deutlich schneller als anderswo wieder in Gang gekommen«, erinnert sich Mario Schatz zurück an die Tage, in denen er als Jugendlicher mit anpackte. Er kennt auch den Grund dafür. »Das lag daran, dass die Bevölkerung froh war, dass der Krieg zu Ende war, sodass ein unglaublicher Wiederaufbauwille erstarkte. Dadurch hat auch ein großer Teil der Bevölkerung mitgemacht – unter Umständen, unter denen heute kein Mensch mehr arbeiten würde.«

Das Trittbrettfahren – bei Müdigkeit zählt jeder Schritt

Diese harte körperliche Arbeit schlaucht natürlich. »Die Kolleginnen und Kollegen schuften sich durch die Tage. Enttrümmerung ist Schwerstarbeit, und wer den ganzen Tag an der Schaufel oder am Flaschenzug verbringt, möchte nicht noch sechs Kilometer nach Hause

Gekuppelt ist hier der »Große Hecht« mit dem Stahlbeiwagen als Anhänger.

Der Postplatz im Dezember 1945

Zwischen den Trümmern herrscht Trubel, die Straßenbahn wird zur wichtigsten Beförderungsmöglichkeit der Menschen, die ihre Stadt wiederaufbauen wollen.

laufen«, gibt Bahnfahrer Max Korf einen Einblick in den Arbeitsalltag nach der Kapitulation. »Entsprechend voll sind morgens und abends die wenigen Straßenbahnen, die wir noch haben.« Kein Wunder also, dass sich manche Fahrgäste auf die äußeren Trittbretter stellen oder sogar auf den Hängerkupplungen balancieren. Eine äußerst unsichere Mitfahrgelegenheit. »Das ist auf jeden Fall gefährlich, für manche sogar tödlich. Deshalb haben wir inzwischen Plakate in den Bahnen aufgehängt, die vor dem Trittbrettfahren warnen.«

Hinter dem ausgebrannten Narrenhäusl mühen sich im August 1946 Trümmerfrauen mit den mit Schutt vollbeladenen Loren der Trümmerbahnen ab.

Biete Arbeit, suche Essen

Schwerarbeiter erhalten in den Nachkriegsjahren täglich 450 Gramm Brot, 40 Gramm Hülsenfrüchte, 50 Gramm Fleisch, 30 Gramm Fett und 25 Gramm Zucker. Davon kann man zwar nicht satt werden, aber das Überleben ist gesichert.

Trümmerbahnen – die Zugpferde des Wiederaufbaus

Es gilt, das Straßenbahnnetz als Ader des täglichen Verkehrs und Impulsgeber für den Aufbau der Stadt möglichst rasch wiederherzustellen. Dabei kommen auch hilfreiche Trümmerbahnen zum Einsatz. Mit ihren kleinen Loks und den angedockten Kippmulden rumpeln sie durch die Innenstadt und verladen dort schwere Steine und Geröll. Straßenbahnen als ihre großen und kräftigeren Geschwister übernehmen dann den Schutt, bringen ihn schwer ächzend aus der Stadt hinaus und versorgungsrelevante Materialien wieder hinein. Andere Fahrzeuge nutzt die Dresdner Straßenbahn, um den Verkehr zwischen den Markthallen und damit die Versorgung der Bürgerinnen und Bürger mit Lebensmitteln zu sichern.

Erneute Personalprobleme durch Entnazifizierung

So rar diese Bahnen sind, so rar sind in jener Zeit auch gute Mitarbeitende. Viele sind aus dem Krieg nicht heimgekehrt, andere schwer verletzt, und der Erlass der Sowjetbesatzung, ehemalige

Devise: Steine putzen

Ein Arbeitseinsatz 1949: Vom Gelände des zerstörten Johannstädter Krankenhauses werden Schutt und Ziegel in den Loren der Trümmerbahnen auf den Straßenbahnhof gebracht. Der Schutt wird auf die Güterwagen geschippt und fortgeschafft. Am linken Bildrand sieht man einen Stapel noch brauchbarer Ziegel, die geputzt und wiederverwendet werden.

NSDAP-Mitglieder oder Arbeitskräfte aus Organisationen des NS-Regimes aus dem Betrieb zu entfernen, dünnt die Personaldecke weiter aus. Die Mitarbeitenden mit Nazi-Parteibuch werden durch kommunistische Kader oder ehemalige Widerstandskämpfer ersetzt, die zuvor vielleicht sogar KZ-Haft oder Gefängnis überlebt hatten.

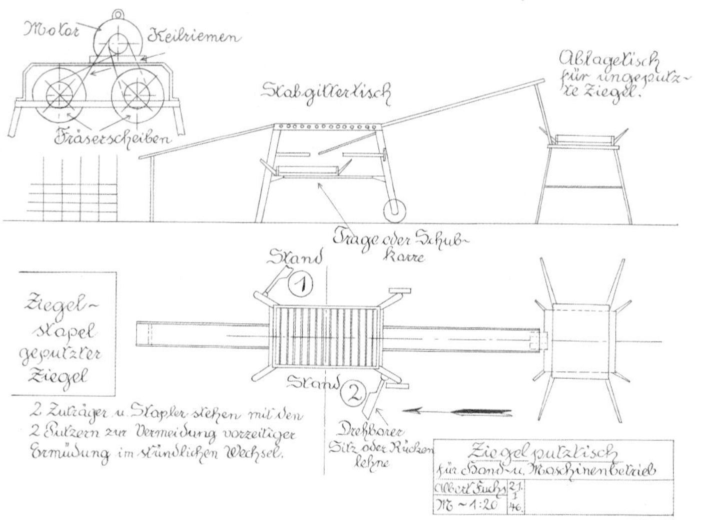

Ideenreichtum ist gefragt: Wie können Ziegel möglichst arbeitskräfteschonend und effizient von Mörtel und Dreck befreit werden, um sie wiederverwenden zu können? Einen Vorschlag liefert Albert Fuchs am 21. Januar 1946: ein Ziegelputztisch für Hand- und Maschinenbetrieb.

Es beginnt die Zeit von Alfred Bockemühl als Führungspersönlichkeit an der Spitze des Unternehmens. Bereits seit 1926 arbeitet er bei der damals noch städtischen Straßenbahn zu Dresden und wird ab 1945 der alleinige Direktor der Dresdner Straßenbahn AG. Ein echter Fachmann, entwickelte er doch Ende der 1920er Jahre den »Hecht« entscheidend mit und perfektionierte dessen Technik. Doch er ist viel mehr als »nur« ein herausragender Ingenieur. »Mein Vater war künstlerisch begabt und philosophisch interessiert«, erzählt sein Sohn Gundolf Bockemühl im Jahr 2008 einem Chronisten. »Er spielte zu Hausmusik Cello, Klarinette und Klavier. Sein Lieblingsinstrument war die Laute, die er noch aus seiner Studienzeit in Karlsruhe bis ins hohe Alter spielte. Dazu entwarf er die Möbel für die ganze Familie, ließ sie bei einem Schreiner herstellen oder baute sie gleich selbst.«

Die Messingbeschläge in diesem Hechtwagen erstrahlen erst seit wenigen Jahren wieder im alten Glanz. Um sie vor dem Einschmelzen für die Kriegsrüstung zu bewahren, waren sie in Kriegszeiten übermalt worden.

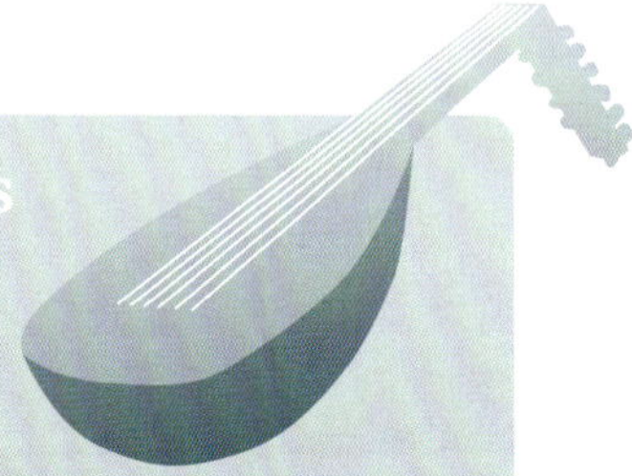

Erinnerungen des Hecht-Vaters: Servo-Bremse trifft Jauchefass

Bevor Alfred Bockemühl von Oktober 1945 bis August 1949 Direktor der Dresdner Straßenbahn wird, arbeitet er aktiv bei der Perfektionierung des »Großen Hechts« mit. Beispielsweise bei der Entwicklung einer Servo-Bremse. Eines Tages erzählt er: »Natürlich baut man diese Neuerungen zunächst in einen Werkwagen ein und sammelt Erfahrungen für Verbesserungen. Zu einer dieser Probefahrten luden wir deshalb auch den Leiter der Bahnabteilung der Firma Sachsenwerk ein. Er durfte an den Druckknöpfen sitzen. Das Gleis in der Straße machte eine Biegung um ein Gebüsch. Dahinter sah ich ein Pferdegespann seitlich auf die Straße zukommen. Ich rief: ›Strom weg, bremsen!!‹ Der Sachsenwerk-Leiter drückte mit aller Kraft auf das Bremspedal, aber das rührte sich nicht. Mit voller Kraft rammten wir das Pferdegefährt mit seiner Ladung. Es war ein langes, hölzernes Jauchefass … Sein Inhalt war für das Feld bestimmt, nicht für die Straße. Es lief aus und umgab uns mit einer großen, streng duftenden Überschwemmung. Wir Werkleute packten zu, wo's ging. Indes lief der Herr Direktor mit erhobenen Armen auf sicherem Bordstein hin und her, jammernd ›Nein, wie unangenehm!‹ Er hatte vergessen, beim Bremsen die Hand vom Fahrknopf wegzunehmen. Die Lehre daraus: In jedem Falle muss der Fahrstrom vom Bremsschalter aus abgeschaltet werden! So lernen wir aus der Praxis des lebendigen Lebens – selbst aus seinen Düften.«

Das Hochhaus Albertplatz glänzt 1952 wieder als Verwaltungssitz für die Verkehrsbetriebe Dresden.

Beim Absturz eines Bombenfliegers wird vor allem der Seitenflügel des Hochhauses beschädigt.

Dresdens »einziges echtes Hochhaus« als Verwaltungssitz

In den Nachkriegswirren und während der politischen Umstrukturierung möchte die Dresdner Straßenbahn AG ihre Verwaltung möglichst zentral an einem Ort unterbringen. Sie darf dazu eine echte Architekturberühmtheit in Dresden als neuen Sitz beziehen: das »Dresdner Hochhaus« am Albertplatz. Errichtet von Architekt Hermann Paulick 1929, gilt es als Dresdens einziges modernes Bürohochhaus im Stahlbeton-Skelettbau, der so stabil ist, dass ihm selbst der Absturz eines Bombers der Royal Air Force in den Seitenflügel nichts Wesentliches anhaben kann. Siegfried Bannack erinnert sich, wie er nach den Angriffen als Sechsjähriger mit seinem Vater auf der Königsbrücker Straße zum Albertplatz unterwegs war. »Am Dresdner Hochhaus sahen wir ein großes, viermotoriges Flugzeug, relativ gut erhalten, auf dem Bauch auf der Königsbrücker Straße liegen, als sei es dort nur gelandet«, weiß der Dresdner Chronist noch, als wäre es gestern gewesen. »Der Rumpf war aus silberglänzendem Aluminium, eine Tragfläche war abgerissen. Später gingen Gerüchte um, die Besatzung sei in der Bombennacht zu tief geflogen und das Flugzeug gegen das Hochhaus geprallt.«

Der Freie Deutsche Gewerkschaftsbund

In jenem Jahr, in dem Alfred Bockemühl Direktor der Dresdner Straßenbahn wird, werden im Sommer zugleich auch alle Betriebsangehörigen pro forma als Interessenbeteiligte in neue Gewerkschaften integriert, die unter dem nationalen Dach des FDGB (Freier Deutscher Gewerkschaftsbund) zusammengefasst sind. Die Betriebsleitung ist somit – zumindest offiziell – den Mitarbeitenden gegenüber weisungsbefugt, während die FDGB-Vertretung in jedem Betrieb für die Mobilisierung der Arbeitskräfte und die Bereitstellung sozialer Dienstleistungen zuständig ist. Ein erster, sanfter Schritt in Richtung »Volkseigener Betrieb« ist damit bei der Dresdner Straßenbahn getan – und wird 1951 dann offiziell umgesetzt.

Fehlende Omnibusse und die Umfirmierung zur Dresdner Verkehrsgesellschaft (DVG)

Die Dresdner Straßenbahn AG muss einfallsreich agieren, um trotz des Materialmangels in der Nachkriegszeit die Mobilität sicherzustellen. Im Gegensatz zur Straßenbahn hat der Omnibusbetrieb größere Schwierigkeiten, wieder den regulären Linienbetrieb aufzunehmen. Die wenigen verbliebenen Busse sind zu Lkw für den Gütertransport umgebaut worden. Doch all das reicht bei Weitem nicht, um die Versorgungsbedürfnisse der Stadt zu decken. »Überall herrscht Mangel«, erzählt Max Korf aus seinem Alltag. »Auch wenn wir die Busse zu Lastkraftwagen umfunktioniert haben, fehlt es uns immer noch an Lkw – und natürlich an Bussen. Jeder Tag ist ein einziges Jonglieren zwischen Notwendigkeit und Machbarkeit.«

Die Stadtverwaltung fordert daraufhin die Gründung eines Transport- und Speditionsunternehmens, Dresdner Transport GmbH (DTG), an der die Straßenbahn AG beteiligt bleibt. Am 31. August 1946 wird die DTG mit der Straßenbahngesellschaft AG vereinigt und der Gesamtbetrieb umbenannt in Dresdner Verkehrsgesellschaft (DVG). Ein wichtiger Schritt – denn so gehören die Aufgaben »Gütertransport« und »Personenbeförderung« nun zu einer Gesellschaft und können zentral koordiniert werden.

Im Logo der Dresdner Verkehrsgesellschaft bleibt das 1938 eingeführte Flügelwappen erhalten.

Der O-Bus als mögliche Alternative

O-Bus – haben Sie davon schon einmal gehört? Das sind Busse, die über Oberleitungen Strom beziehen und damit angetrieben werden. Eine Alternative zu Omnibussen, an deren Betrieb nach dem Krieg nicht zu denken ist. Schließlich sind nahezu alle Omnibusse zerstört oder eben im Lkw-Einsatz. Der Direktor der Dresdner Verkehrsgesellschaft und Konstrukteur des »Hecht« Alfred Bockemühl erfährt, dass bei der Firma Schumann in Werdau zum Kriegsende einige O-Bus-Gestelle mitsamt Elektromaterial stehengeblieben waren. Allerdings benötigen

Der O-Bus-Ausbau beginnt

Im November 1947 wird die neue O-Bus-Linie C eröffnet. Trotz schlechten Wetters stehen die Schaulustigen auch am Körnerplatz, um die neue Verbindung zu feiern. Die Vorbereitungen auf der Grundstraße (Foto unten) für eine Streckenerweiterung nach Weißig beginnen im Juli 1949.

Die erste O-Bus-Fahrerin, Gerda Pabst, steht im Sommer 1951 stolz in Bühlau vor »ihrem« Fahrzeug der Firma Henschel.

O-Busse eine zweite, eigene Fahrleitung, da ihr Rückstrom nicht wie bei der Straßenbahn über die Schiene transportiert wird, sondern über eine weitere Leitung. Am 8. November 1947 verkehrt der erste O-Bus zwischen dem Körnerplatz in Loschwitz und dem Münchner Platz in der Südvorstadt. Zschhhh! Pfff! So manche Fahrgäste dürften sich anfangs über die leisen Zisch- und Pfeifgeräusche der Pneumatik im O-Bus gewundert haben. Doch sie macht das Fahrzeug zugleich besonders leise und leichtgängig zu lenken. Großer Vorteil: Damit kann er auch von Frauen gefahren werden, was die Personaldecke deutlich stärkt. Nicht zuletzt deshalb ist das Unternehmen in der Lage, zwei Jahre später die Linie sogar noch zu verlängern, auszubauen und zwischen Bühlau und Weißig die dort stillgelegte Straßenbahn zu ersetzen.

Streckenbau zwischen Wunsch und Machbarkeit

Nach den Enttrümmerungsarbeiten und unter veränderten gesellschaftlichen Verhältnissen hat sich auch die Streckennetzsituation verändert. Da der innerstädtische Bereich bis in die äußeren Bezirke entweder komplett zerstört oder schwer beschädigt worden ist, haben sich bewohnbare Bereiche zunächst in die Vorstädte verschoben. Der anhaltende Materialmangel ist nicht nur das endgültige Aus für eigentlich vorübergehend stillgelegte Strecken, wie von der Pfotenhauerstraße bis zur Fetscherstraße, sondern auch für schon wieder instandgesetzte Streckenteile. Die Linienführung durch die Innenstadt wird deshalb vereinfacht auf jeweils eine Ost-West-Verbindung und eine Nord-Süd-Verbindung. Geprägt ist diese Entscheidung von einem Balanceakt zwischen dem steigenden Bedarf an Nahverkehr auf der einen Seite und der Machbarkeit und notwendigen Priorisierung auf der anderen. Finanzielle Möglichkeiten für große Umgestaltungen existieren nicht.

1950 endet die Romantik am Barbarossaplatz. 1945 zunächst wieder aufgenommen, wird der Straßenbahnbetrieb fünf Jahre später endgültig eingestellt. Nicht aus Mangel an Bedarf, sondern weil das Material anderswo dringender gebraucht wird. Heute diskutiert man hier über eine Busanbindung.

Der Volkseigene Betrieb »Verkehrsbetriebe der Stadt Dresden«

Zu jener Zeit wird am 7. Oktober 1949 die DDR als eigener deutscher Staat unter sozialistischen Vorzeichen und sowjetischer Einflusssphäre geboren. Es beginnt die klare Abgrenzung zum kapitalistischen Wirtschaftssystem. Entsprechend dem Prinzip einer zentralistisch steuernden Regierung folgt zunächst die Zwangsvereinigung aller kleinen Gesellschaften und GmbHs zum Kommunalen Wirtschaftsunternehmen (KWU Verkehrsbetriebe Dresden) und bald darauf im Jahr 1951 die Umwandlung in die Rechtsform eines Volkseigenen Betriebs.

Die Planwirtschaft beginnt. Angebot und Nachfrage? Ein Konzept aus der Vergangenheit. Stattdessen zählen die Vorgaben der staatlichen Plankommission zur Produktivität, zu Sozialleistungen und zur technischen Entwicklung.

Staatliche Vorgaben sind das eine – die Realität aber das andere. Zu jener Zeit nutzt der überwiegend große Teil der Bevölkerung den ÖPNV, entsprechend überfüllt sind häufig die Fahrzeuge. Zugleich ziehen sich Einschränkungen durch die Unternehmensgeschichte, die man nicht offiziell benennen darf: der Mangel an Geld, Personal und Material. Dabei bewegt man sich immer in einem Spannungsfeld: Wie offen und ehrlich kann man an offizieller Stelle Probleme benennen, und wo hält man sich lieber zurück?

Wimpel des VEB Verkehrsbetriebe der Stadt Dresden.

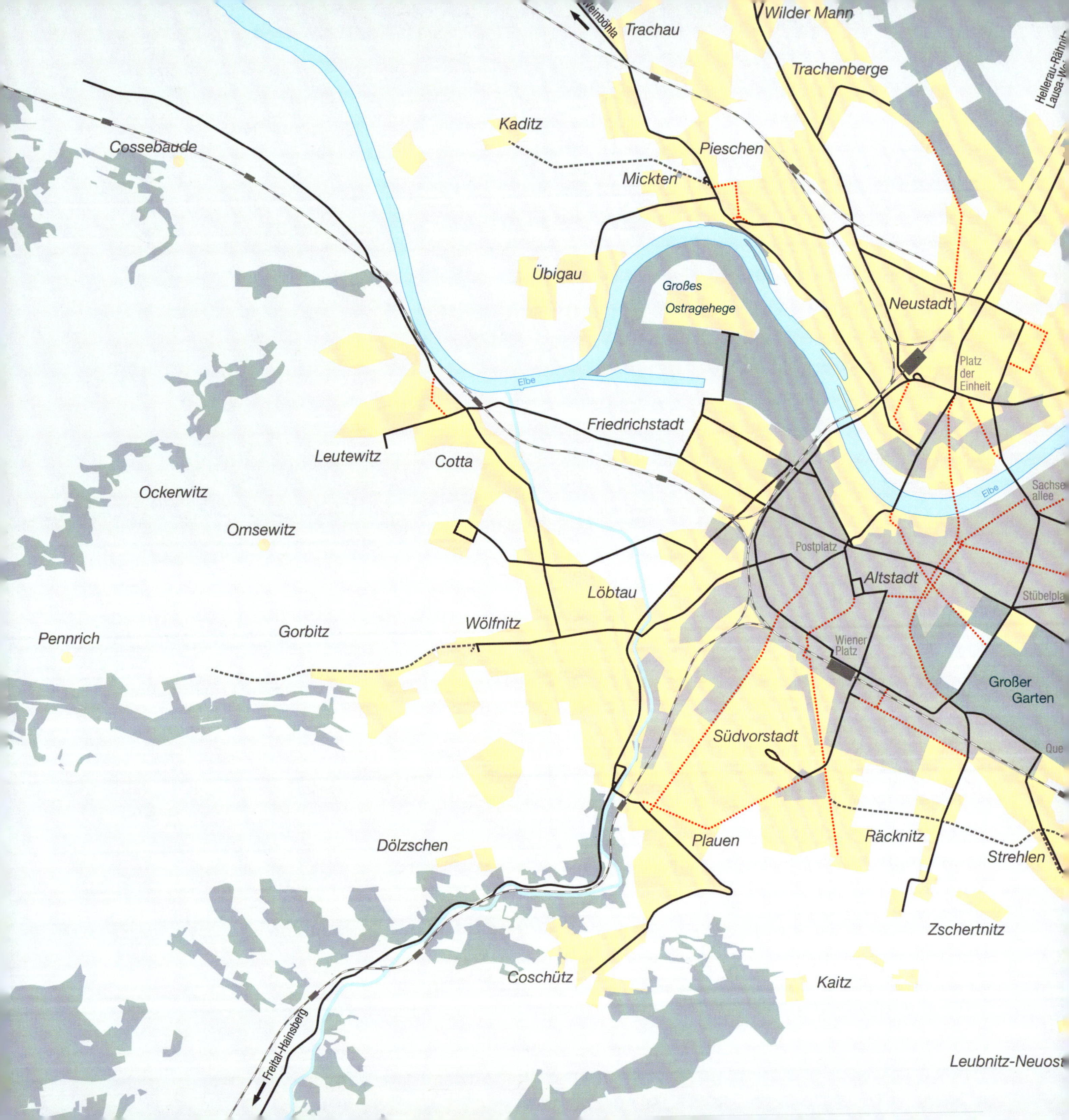

Wilder Mann
Trachau
Weinböhla
Trachenberge
Hellerau-Rähnitz
Lausa-W
Kaditz
Cossebaude
Pieschen
Mickten
Übigau
Großes
Ostragehege
Neustadt
Platz
der
Einheit
Elbe
Friedrichstadt
Leutewitz
Cotta
Ockerwitz
Omsewitz
Sachse
allee
Postplatz
Altstadt
Löbtau
Stübelpla
Wölfnitz
Pennrich
Gorbitz
Wiener
Platz
Großer
Garten
Südvorstadt
Que
Plauen
Räcknitz
Strehlen
Dölzschen
Zschertnitz
Coschütz
Kaitz
Freital-Hainsberg
Leubnitz-Neuost

1950

Der Kahlschlag im Streckennetz der Nachkriegszeit ist nicht nur ein Ergebnis der Bombenangriffe im letzten Kriegsjahr 1945. Ende der 1940er Jahre liegen häufig schon wieder Gleise. Wegen Materialknappheit gelingt es allerdings nicht, alle Straßenbahnstrecken zu erhalten. Oft werden Schienen und Schwellen an anderer Stelle dringender gebraucht. Bei einigen Strecken hält sich die Hoffnung, sie irgendwann wieder aufbauen zu können, bis heute.

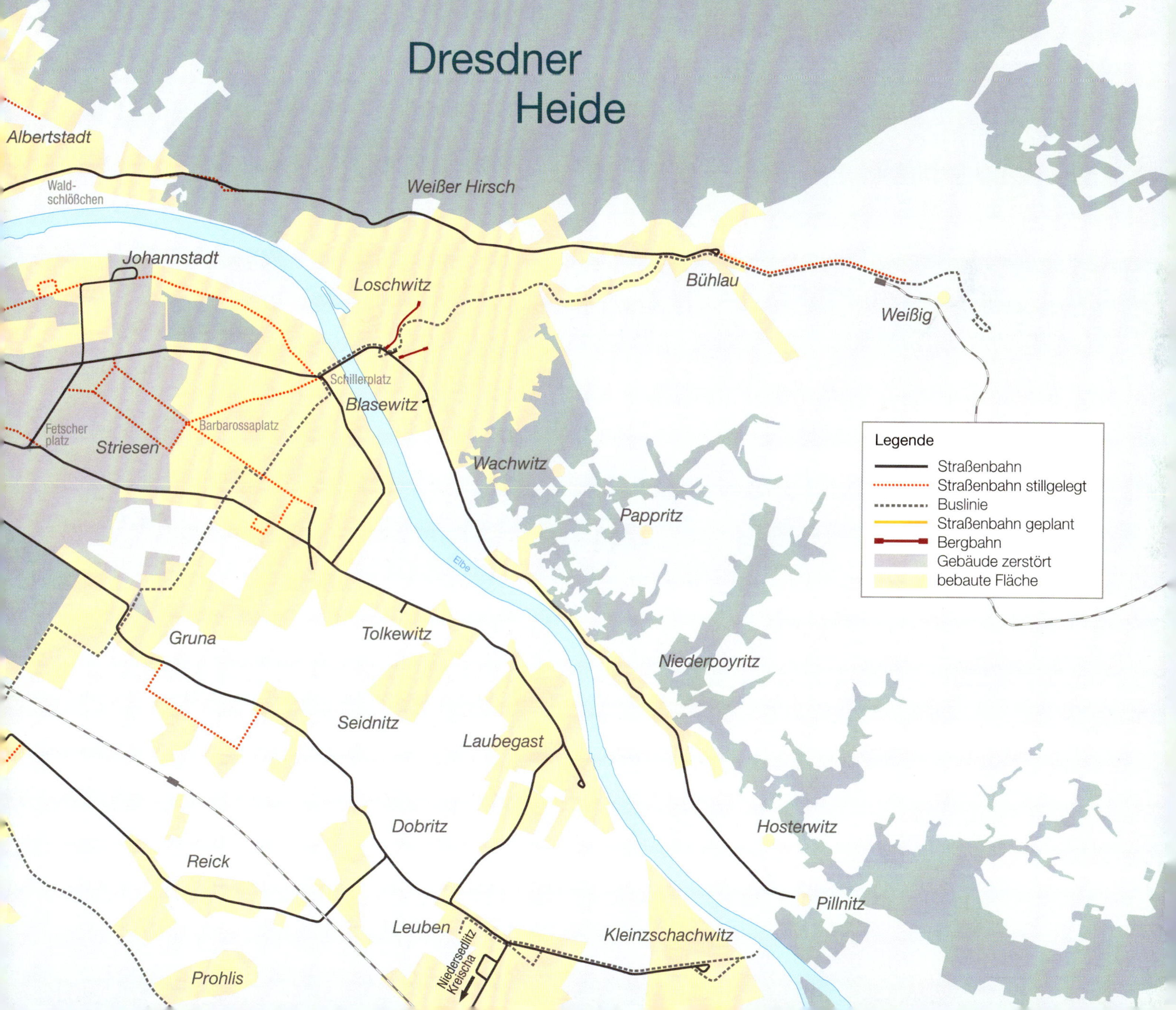

DIE ÜBERNAHME DES DRESDNER FÄHRBETRIEBS

In der Elbe-Stadt Dresden existiert schon seit Jahrhunderten ein Fährbetrieb. Er ermöglicht in jenen Regionen und Vororten ein Überqueren der Elbe, in denen es keine Brücken gibt. Ihr Weiterbetrieb ist allerdings schwierig. Denn immer mehr neue Verordnungen, Sicherheitsbestimmungen und geforderte Standards plus der Restaurationsstau bei den Fähren sind stets mit an Bord. So ist es zwar eine politisch-ideologische Entscheidung, die Dresdner Fähren in »volkseigene Hand« zu überführen und dem VEB Verkehrsbetriebe anzugliedern – doch letztendlich auch eine wirtschaftliche.

Allerdings ist ein Fährbetrieb vieles, nur nicht wirtschaftlich. Denn Sicherheit, Technik und zwei Fährleute pro Schiff müssen immer gewährleistet sein. Nicht gerade ein profitables Segment für den VEB Verkehrsbetriebe. Er bleibt daher, wie der Straßenbahnbetrieb auch, auf Zuschüsse angewiesen. Der Beliebtheit der Fähren tut das selbstverständlich keinen Abbruch. Ob Ausflügler oder Berufspendler – die Fähre nutzt jeder gern.

Eine »fliegende Brücke« von Kleinzschachwitz nach Pillnitz gibt es schon seit 1721. Sie diente zunächst der zeitweiligen Beförderung Augusts des Starken und seiner Gäste in sein Lustschloss Pillnitz. Seit 1765 gibt es hier einen ständigen Fährbetrieb. Diese Ansicht zeigt die Gierseilfähre um 1810.

1952 verkehrt die Personenmotorfähre »Herbert« zwischen Söbrigen und Zschieren.

1953 wird die Fähre Klein-zschachwitz-Pillnitz von der ersten Fährfrau gesteuert. Sie gibt auch Fahrscheine aus und kassiert das Geld.

Ein Blick in die jüngere Vergangenheit: Die Verbindung Klein-zschachwitz-Pillnitz wird auch in den 1980er Jahren gerne genutzt. Mit der Prahm-Gierseil-Autofähre kann auch der Trabi auf die andere Seite gelangen.

Der gute alte Büssing

Nach Kriegsende sind von ursprünglich neun noch vier Wagen des Typs Büssing-NAG 900N betriebsbereit. Mit ihnen wird zunächst der Omnibusverkehr wiederaufgenommen, auch wenn sie sich in keinem guten Zustand befinden. Der hier abgebildete Bus Nummer 4 bleibt aber erhalten und gehört heute zum Bestand des Vereins historische Kraftfahrzeuge des Dresdner Nahverkehrs e.V.

Alte Kraftomnibusse als Krachomnibusse

Die Lage für den Kraftomnibusverkehr bleibt bis in die 1950er Jahre hinein allerdings problematisch. 1950 existiert ein Omnibusnetz von gerade einmal 33 Kilometern. Zwar werden bereits 1949 wieder einige Kraftomnibuslinien in Betrieb genommen, doch die Fahrzeuge sind bei aller Improvisationskunst in den Werkstätten oftmals altersschwach, störanfällig, zu wenig motorisiert, schwer zu lenken und nach einem Achtstundentag geräuschintensiv für Fahrer und Fahrgäste. Die Fahrer der Omnibusse müssen hinter dem Lenkrad der Vehikel Schwerstarbeit leisten – und das bei einem Getriebegeräuschpegel, der jenem in einer Maschinenhalle ähnelt. Einige Busse erzeugen solch einen Lärm, dass Fahrgäste ihn bei guten Windbedingungen bereits in zwei Kilometern Entfernung hören können.

Große Pläne, kein Geld

In den 1950er und 1960er Jahren gibt es große Pläne, Dresden nach dem Vorbild einer sozialistischen Stadt wieder zu errichten, mit großen, autofreundlichen Alleen wie der heutigen Frankfurter Allee in Berlin. Straßenbahnen passen da nicht so recht ins moderne Bild und sollen eigentlich auf das Abstellgleis geschoben werden. Zu langsam, zu laut, zu platzraubend. Einzig das Geld fehlt für die Umsetzung, und so nutzt man, was ohnehin schon da und gut ausgebaut ist: die gute, alte Straßenbahn.

Der einzige je nach Dresden gelieferte vierachsige Gotha-Gelenkwagen 2500 (ein Prototyp) fährt hier im Sommer 1960 am Altmarkt vorbei. Wegen häufig auftretender Schwierigkeiten und des geringen Platzangebots in diesem Fahrzeug gibt es keine weiteren Bestellungen. Ab 1965 wird er hauptsächlich für Stadtrundfahrten genutzt.

Die Zukunft des Fučikplatzes (heute Straßburger Platz), wie sie nach der damaligen Vorstellung im Jahr 1969 gezeichnet wurde: ein modernes Hochhaus, viele Autos auf breiten Straßen. Die Straßenbahn ist nicht in diesem Bild zu finden. Glücklicherweise hat sich diese Vision bis heute nicht bewahrheitet.

Die 1950er Jahre in Dresden – ein Boom aus der Not heraus

Trotz des Mangels gelingt es den Dresdner Verkehrsbetrieben, den Wiederaufbau der Verkehrsinfrastruktur schnell voranzubringen, was spürbar die Normalisierung des zivilen Lebens unterstützt. Überall ragen im inneren Stadtbereich noch Ruinen und Skelette der ehemaligen Residenzpracht empor. Doch zwischen ihnen wachsen wieder neue Häuser wie frisches Gras in der Steppe, sodass Dresden für Gäste wieder attraktiver wird. Davon möchte sich auch Renate überzeugen, die ihre Freundin Gisela in Dresden besuchen und die Stadt wieder einmal sehen möchte. »Renate, da brauchen wir nicht einmal zu laufen«, meint Gisela zu ihrer Freundin aus Schulzeiten. »Die Verkehrsbetriebe haben die Stadtrundfahrten wieder eingeführt.« Und schon geht's los – vom Hauptbahnhof über die Wiener Straße vorbei am Großen Garten und dem Rudolf-Harbig-Stadion, den neuen Wohnungen in der Grunaer Straße, dem Rathaus mit seinem 100 Meter hohen Turm über den Altmarkt bis zum Zwinger. Dort winken die Dampfer mit einer Fahrt auf der Elbe, doch Gisela und Renate bleiben lieber auf der Schiene über die Dimitroff-Brücke nach Neustadt, vorbei am Schillerdenkmal Richtung Johannstadt und Blasewitz, wo die »Gustel von Blasewitz« als Skulptur grüßt – die Damen grüßen brav zurück – und hoch mit der Schwebebahn zum Gasthof »Loschwitzhöhe«, bevor der Weg wieder retour geht. Eine schöne »kleine Reise durch unsere große Stadt«, meint Renate, als es mit der Schwebebahn wieder abwärts geht. Gisela schaut dabei verträumt aus dem Fenster und murmelt vor sich hin: »Man muss den Verkehrsbetrieben danken, dass sie solch eine Reise wieder möglich machen.«

Werbung für die Stadtrundfahrten im Jahr 1958.

Die stromlinienförmige, selbsttragende Karosserie der Ikarus 66-Busse ist damals eine völlig neuartige Konstruktion. Hier stehen sie in Paradeformation auf dem Betriebshof Blasewitz.

Das Netz wächst – dank Ikarus

Der Dresdner Omnibusverkehr nimmt mit der Beschaffung von Bussen der Typen IFA/Horch aus der DDR, Skoda aus der Tschechoslowakei und Ikarus aus Ungarn wieder Fahrt auf. 1961 ist das Omnibusliniennetz innerhalb von zehn Jahren von 33 auf 141 Kilometer gewachsen. Es ergänzt das Straßenbahnnetz am Stadtrand und durch Querverbindungen. Die Ära Ikarus wird erst mit der Verabschiedung des letzten Fahrzeugs im Jahr 2001 enden. Auf dem Foto ist der erste Ikarus 630 zu sehen. Er wird 1964 als einer von dreien beschafft und ist vor allem auf der Linie zum Flughafen im Einsatz.

Bus und Bahn bleiben unverzichtbar

Private Pkw auf Dresdens Straßen? In den 1950er und 1960er Jahren eher eine Seltenheit. Die Menschen müssen aber dennoch zur Arbeit und in die Schule gelangen. Also bleiben dafür nur zweirädrige Verkehrsmittel oder eben Bus und – trotz aller Kritik – die Straßenbahn. Wie man sich vorstellen kann, platzt der Dresdner Personennahverkehr folglich bald aus allen Nähten. Um die hohe Nachfrage in den Spitzenzeiten zu bewältigen, werden Sonderlinien im Berufsverkehr eingesetzt. Der wiedereingeführte Omnibusverkehr soll zusammen mit dem O-Bus das Straßenbahnnetz sinnvoll ergänzen. Zugleich sieht die Personalsituation sehr mau aus. Der Grund: Industrie und Wohnungsbau zahlen bessere Löhne, oder viele Menschen haben schlicht das Rentenalter erreicht und verbringen fortan ihre Zeit nicht mehr hinter dem Steuer, sondern in der Kleingartenlaube.

Ein Bild, von dem die Dresdnerinnen und Dresdner ab Mitte der 1960er Jahre Abschied nehmen müssen: eine Schaffnerin beim Lochen eines Fahrscheins.

Für Selbstzahler

Der sogenannte OS-Verkehr (OS steht dabei für »ohne Schaffner«) wird bei Bus und Straßenbahn schrittweise eingeführt. Die wichtigste Neuerung für die Fahrgäste ist dabei die Zahlbox. Diese nimmt das abgezählte Fahrgeld und Sammelkartenabschnitte auf, kann aber zwischen 20 Pfennigen und einem Knopf nicht unterscheiden. Anfang der 1970er Jahre führt man dann in der gesamten DDR den Lochentwerter ein – übrigens eine Idee aus Dresden. Von nun an müssen Fahrgäste erst einen Fahrschein erwerben, bevor sie in Bahn oder Bus mitfahren dürfen.

Der Schaffner – eine Ära geht zu Ende

Eine Lösung für diesen Personalmangel muss also her, und die läuft auf den Abschied des Schaffner-Berufs hinaus. Ein Beruf, der eigentlich so immens wichtig war für die Dresdner Straßenbahn. Denn das Personal begleitet Fahrgäste nicht einfach nur und verkauft oder kontrolliert deren Fahrkarten. Schaffnerinnen und Schaffner sind auch das uniformierte, personifizierte Unternehmen und geben ihm ein menschliches Gesicht. Die besten unter ihnen können ein schreiendes in ein staunendes Kind verwandeln, indem sie ihm eine Signaltaschenlampe vorführen, die Knipszange zeigen oder die viel zu große Schaffnermütze auf den Kopf setzen. Doch dann aber wieder schnell zurück zu den anderen Fahrgästen: Tarife berechnen, das Münzgeld in die raffinierte Münztasche namens Galoppwechsler sortieren, vor und nach dem Dienst die Wagen auf Sauberkeit kontrollieren und schließlich in der Schaffnerzentrale die Einnahmen abrechnen und in einen Tresorschrank einwerfen. Adieu, ihr liebgewonnenen Begleiterinnen und Begleiter!

Vor dem Einsteigen erhält jeder Fahrgast schon den Hinweis: Hier gibt es keinen Schaffner mehr, hier ist die Zahlbox zu bedienen.

Der VEB Verkehrsbetriebe im Wettbewerb um Arbeitskräfte

Betriebe und Kombinate in der DDR entwickeln sich zu Rundumversorgern für das Leben ihrer Mitarbeiterinnen und Mitarbeiter. Denn aufgrund der Versorgungslage, des niedrigen Lohnniveaus und auch, um das Gefühl von Zugehörigkeit zu stärken, werden Sozialleistungen und Privilegien zur »zweiten Lohntüte«. Auch bei den Dresdner Verkehrsbetrieben. Am Neuendorfer See in Alt-Schadow strecken Mutti und Vati die Zehen ins Wasser, während die Kinder ins kühle Nass hüpfen. Andere gehen vom Ferienlager in Saupsdorf auf Wanderung in die Sächsische Schweiz. Dazu gibt es betriebliche Kuraufenthalte, einen Betriebszahnarzt ohne lange Wartezeiten und eine kostenlose Betriebsbücherei. Manche Betriebe locken dazu mit einem Clubhaus, Kinderkrippe und Kindergarten, einer Kantine oder sogar Betriebswohnungen inklusive heiß begehrtem Telefonanschluss.

Gemütlich mit dem Wassertretboot auf dem Neuendorfer See treiben. So schön kann der Sommer in Alt-Schadow sein.

Die Freikörperkultur wird in der DDR gelebt. Nackte Körper finden sich am Strand ebenso wie in Zeitschriften. Selbst die Mitarbeiterzeitung DER HECHT gewährt in den 1980ern Einblicke.

Ende Juli 1988 kommen wieder Kinder im Ferienlager Saupsdorf an. Sie alle versammeln sich um eine Mitarbeiterin der Betriebsgewerkschaftsleitung, die ihnen vielleicht gerade die Verhaltensregeln erklärt.

Im Kinderferienlager warten die vielleicht schönsten Erinnerungen

Ein weiteres jener Angebote, das vom Betrieb organisiert wird, aber die Mitarbeitenden nur indirekt betrifft, sind die Kinderferienlager. Auch bei den DVB. Kathrin Kalkreiber vom Bereich Einkauf weiß noch zu gut, was dort los war: »Ich war gleich mehrfach im DVB-Kinderferienlager – 1979 in Storkow, 1980 und 1981 in Saupsdorf und 1982 im tschechischen Potštejn. Wir hatten eine sehr gute Zeit dort, und ich hatte eine schöne Kindheit in einer fast heilen Welt in Sicherheit und Ungezwungenheit. Man wurde von vorn bis hinten betüddelt und verwöhnt, täglich gab es vier Mal Essen und Ärger wegen unangebrachten Verhaltens nur selten.« Diese Verbindung zwischen Arbeits- und Privatleben prägt die Menschen – die jungen wie die erwachsenen. Man rückt menschlich zusammen, erlebt Ausflüge, macht gemeinsam Sport, wird beim Neptunfest getauft, knüpft Freundschaften und vielleicht auch die erste Liebschaft. »Einmal war sogar eine Gruppe von italienischen Austauschschülern dabei. Wenn da so ein Massimo vor einem steht und sagt ›Ciao, Bella!‹ Das waren wir ja nun gar nicht gewöhnt!« Es muss aber nicht immer das Exotische sein, das die Kinder beim anderen Geschlecht spannend finden. Holger und Angelika lernen sich zum Beispiel 1977 im Zeltlager kennen. Er spielt den Neptun, tauft Angelika feierlich und schaltet anschließend in den Flirt-Modus – mit Erfolg: Heute sind sie seit 44 Jahren verheiratet als Holger und Angelika Deliga und arbeiten seit über 30 Jahren zusammen.

Alubesteck, Kittelschürze, die bunten Salz- und Pfefferstreuer aus Plastik – ein Blick in die Kantine im Straßenbahnmuseum lässt bei manchem Erinnerungen wach werden.

Kathrin Kalkreiber macht bei den DVB ihre Ausbildung, fühlt sich in jenen Jahren den Ferienlagern aber immer verbunden, sodass sie bald selbst als Betreuerin mitfährt und diese neue Perspektive kennenlernt. »Auch daran habe ich sehr schöne Erinnerungen, selbst wenn es je nach Alter der Kinder und Jugendlichen manchmal recht stressig war.«

Eigene Ausbildung und Akademie sorgen für starken Zusammenhalt

Kein Wunder, dass es bei den DVB so viele Familien gibt, die wie jene von Kathrin Kalkreiber über mehrere Generationen bereits im Unternehmen arbeiten. Denn erreichen die Sprösslinge das Ausbildungsalter, können sie

Für eine Broschüre über die technischen Ausbildungsberufe bei den Verkehrsbetrieben posiert dieser Lehrling an der geöffneten Heckklappe eines Ikarus Anfang der 1980er Jahre.

sich ihre Eltern zum Vorbild nehmen und ihre berufliche Karriere im Unternehmen beginnen. Im technischen Bereich waren die DVB schon immer ein Lehrbetrieb gewesen, ab 1949 bilden sie zusätzlich auch kaufmännische Lehrlinge aus. 1960 gründen sie eine Betriebsakademie, in der schon bald die ersten ungelernten Werktätigen ihren Facharbeiterbrief erhalten. Bei den Verkehrsbetrieben kann man ab 1968 »Facharbeiter für städtischen Nahverkehr« werden, aber auch Berufe wie Berufskraftfahrer, Kfz-Elektriker, Lackierer oder Gleisbauer sind Teil der Berufsausbildung. Während der Fachbereich Bildung heute im Verwaltungsgebäude Gruna sitzt, befinden sich die Hauptausbildungsräume zu DDR-Zeiten auf dem Betriebshof Mickten.

Generalverkehrsplan definiert klare Rollen

Um Ordnung in den Mobilitätsdruck in Dresden zu bekommen, setzt die Stadt 1967 einen Generalverkehrsplan auf, der die Rolle der Verkehrsmittel Straßenbahn, Bus und Eisenbahn definiert. Die Straßenbahn ist für den Verkehr in Dresdens Innenstadt zuständig und soll in den angegliederten Einzugsbereichen die Mobilitätsbedürfnisse im Berufs- und Lebensalltag abde-

Im März 1986 sitzen Auszubildende der Lehrschweißerei an besonderen Schweißarbeitstischen, die auch als Exponate bei der Messe der Meister von Morgen ausgestellt werden.

Ein MAN-Zug 1960 am damaligen Fučíkplatz, heute Straßburger Platz. Der Triebwagen, Baujahr 1913, wird noch bis 1972 seinen Dienst im Linienbetrieb verrichten.

cken und Gästen ein möglichst komfortables Verkehrserlebnis ermöglichen. Der Omnibus wiederum dient als Zubringer zum Schienenverkehr von Straßenbahn und Eisenbahn und deckt kleinere Lücken im ÖPNV ab. Und die Eisenbahn bindet naturgemäß weiter entferntere Orte rund um Dresden an, wie beispielsweise Meißen.

Dresden wächst und floriert in jener Phase. Die neu gegründete TU Dresden und die Hochschule für Verkehrswesen erhöhen den Mobilitätsbedarf genauso wie andere Lehr- und Forschungseinrichtungen, beispielsweise die medizinische Akademie in der Johannstadt. Zugleich werden Verwaltungseinrichtungen und Kulturorte wieder reaktiviert, während am Rand der Stadt die Industriegebiete wachsen. Das setzt entsprechend vor allem die Trams einer großen Verkehrs- und Erfüllungserwartung aus. Kein guter Moment – denn die Fahrzeuge können diese Last kaum tragen. Viele Fahrzeuge stammen aus Vorkriegszeiten, und jene Modelle der 1950er und 1960er Jahre vom Waggonbau Gotha sind mangelhaft, technisch überholt, bieten zu wenig Platz und Komfort. Eine technische Lösung muss her – und damit beginnt eine neue Legende der Dresdner Straßenbahngeschichte: die Tatra-Bahn.

Eine kunterbunte Wagenmischung

Der Fuhrpark der DVB ist vor allem vor Einführung der Tatrawagen ein Sammelsurium an Fahrzeugen. Umgebaute MAN-Modelle treffen sich mit improvisierten Nachkriegskonstruktionen wie dem ET 44 der Firma Fuchs Heidelberg, Modellen der DDR-Waggonbauer LOWA und Gotha und diversen Hechtwagen.

DIE TATRAS

Das Mobilitätsbedürfnis in Dresden steigt, und der Nahverkehr kann mit seinen veralteten Fahrzeugen und der Infrastruktur kaum nachziehen. Kein Wunder: Allein bei den Straßenbahnen stammen gut 70 Prozent aus der Zeit zwischen 1909 bis 1938. Zugleich legt die DDR im Vertragsrecht bestimmte Qualitätsstandards fest. Was tun? Die Antwort liefert die Tatra-Bahn. Ein völlig neues Konzept einer Straßenbahn, die zur damaligen Zeit weitaus mehr Menschen in kürzerer Zeit von A nach B befördern kann. Der tschechische Straßenbahnspezialist ČKD Tatra ist dabei der Lieferant der Wahl. Er orientiert seinen Straßenbahntyp am sogenannten PCC-Wagen aus den USA und bietet den Verkehrsbetrieben einen vierachsigen Großraumwagen an. Die Tatras sind schwer, energiehungrig und aus heutiger Sicht ineffektiv – dennoch rollt ab 1969 die hypermoderne Sensation und Rettung des Dresdner Nahverkehrs immer häufiger auf den städtischen Straßen. Auch für die Fahrer ist es ein neuer Anblick und Arbeitsplatz, der Umgewöhnung einfordert: Die Fahrerkabinen gleichen plötzlich kleinen Cockpits, und der Fahrbetrieb erfordert eine hohe Sorgfalt und Aufmerksamkeit.

Die Tatras als neue, moderne Fahrzeuge mit hoher Beschleunigung prägen fortan Dresdens Nahverkehr. Allerdings benötigen sie deutlich mehr Strom als bisherige Modelle. Die Infrastruktur der Unterwerke und Kabel ist dieser neuen Aufgabe nicht gewachsen, Improvisation und Kompromisslösungen sind also gefragt, sodass das Unternehmen in Eigenleistung und außerhalb einer offiziellen staatlichen Bilanzierung Kapazitäten schaffen muss.

Eine weitere Schwierigkeit: Dresden bekommt zwar Neufahrzeuge, aber aufgrund der Außenhandelsbilanz der DDR keine Ersatzteile aus Prag. Eine perspektivisch kritische Situation. Also weist Oberbürgermeister Wolfgang Berghofer die Betriebe an, entgegen ihrer eigentlichen Produktionslinie Ersatzteile selbst herzustellen, wenn sie möchten, dass ihre Beschäftigten pünktlich zur Arbeit kommen. Diese »territoriale Rationalisierung« ist wirtschaftlich gesehen zwar ein Wahnsinn, aber sichert einigermaßen den Nachschub besagter Ersatzteile.

Innenansicht eines Tatra-Wagens mit den ikonischen Schalensitzen aus Hartplastik.

Bei allen Schwierigkeiten, die die Einführung der Tatras mit sich bringt, erweisen sich die neuen Lieblinge des Nahverkehrs als idealer Zubringer in weiter entfernte Neubauviertel wie Prohlis und Gorbitz, in denen der Wohnungsbau in den 1970er und 1980er Jahren boomt. Im Neubaugebiet Gorbitz wird dabei die Straßenbahntrasse stückweise mit dem wachsenden Wohnviertel verlängert. Eine gute Entscheidung, denn erst wenn Bahn und Busse fahren, blühen solche Viertel so richtig auf.

Ein Tatra-Großzug 1980 am Abzweig nach Hellerau.

Im Oktober 1985 ist die Gorbitzer Trasse schon bis zur Kirschenstraße ausgebaut. Feierlich wird gleich das Band für den neuen Streckenabschnitt durchgeschnitten. Und es gibt noch etwas Neues: Der erste Tatra-Wendezug hat auf der Bau-Linie 42 seine Premiere.

EINE BEWEGTE ZEIT VOR EINER BEWEGENDEN WENDE

Die frühe Anbindung der Familie an das Unternehmen, die Möglichkeit einer beruflichen Karriere und attraktive Angebote in der »zweiten Lohntüte«, dazu der Aufbau einer Stadt von Null an in Windeseile: Die Menschen leisten in jenen Jahrzehnten zwischen Kriegsende und Wende unfassbar viel. Die Zerstörung Dresdens ist für

Bequem umsteigen

Auf der breit angelegten Ernst-Thälmann-Straße fährt die Straßenbahn – wie heute – in der Straßenmitte. Um die Umsteigeverhältnisse zu verbessern, werden an großen Knotenpunkten wie hier am Pirnaischen Platz Doppelhaltestellen eingerichtet. Den meisten Platz erhalten aber Autos und Lkw mit zwei Spuren pro Richtung.

sie selbst, die Bausubstanz, die Infrastruktur und vielleicht sogar den Selbstwert der Stadt eine Katastrophe. Doch dieser tiefe Einschnitt birgt Chancen für eine technische Modernisierung und ein Neudenken der Infrastruktur. Die Stadtpolitik nutzt diese Chancen allerdings zu wenig – mit spürbaren Folgen bis heute.

Gute Pläne bleiben in der Schublade

Dresden besitzt aus seiner Historie heraus eigentlich ein straßenbündiges Streckennetz. Das bedeutet, dass Straßenbahnstrecken einst direkt in die Straßenmitte verlegt wurden. Straßenunabhängige Systeme, bei denen Strecken neben der Straße verlaufen, benötigen mehr Platz. Im »alten Dresden« gab es diesen Platz nicht, da die Straßen typischerweise mit ihren 18 Metern Breite viel Raum einforderten. Doch durch die Zerstörung der Innenstadt bietet sich die Chance, ein modernes, breites, separates Streckennetz für Straßenbahnen aufzubauen. Sogar über eine unterirdische Stadtschnellbahn machen sich die Verantwortlichen Gedanken. Doch die Priorität des Wohnungsbaus und die Realität der knappen Ressourcen lassen so manch guten Plan in der Schublade verschwinden.

Huckelpisten adé

Selbst ein ungeübtes Auge erkennt den schlechten Zustand vieler Gleise und Fahrbahnen wie hier auf der Hoyerswerdaer Straße.

Prüfung bestanden

Auch im Sommer 1990 wird eine neue Generation Facharbeiter im städtischen Nahverkehr von der Ausbildung in den Berufsalltag verabschiedet. Diesen werden sie unter neuen Bedingungen vorfinden, manches wird anders sein, als ihre Ausbilder es ihnen beigebracht haben. Sie sind die erste von vielen nachfolgenden Generationen, die eine neue Zeit erfolgreich mitgestalten werden.

Dresdens heutige Verkehrsprobleme nehmen ihren Lauf

Der Wohnungsbau der DDR sieht allerdings den Bau von Satellitenstädten am Stadtrand auf der »grünen Wiese« mit neuen Wohngebieten wie in Prohlis vor, die teilweise vorerst verkehrlich nicht angebunden sind. Sie erzeugen damit einen reinen Durchgangsverkehr durch die einst lebendige, lebenswerte Innenstadt und damit zusätzliche Verkehrsbelastungen, die vermeidbar gewesen wären, hätte man damals eine

Lückenbebauung durchgeführt und eine Stadtplanung »der kurzen Wege« verfolgt. Doch stattdessen wird dem Auto der rote Teppich in Form von Straßenbeton ausgerollt. Viele Straßenzüge werden errichtet, gern auch vierspurig, um den Verkehr von Automobilen und Lkw durch die Stadt zu schleusen – beispielsweise auf der heutigen Nord-Süd-Verbindung. Zwar hat man hier in DDR-Zeiten die Straßenbahn schon stückweise auf eigene Bahnkörper verlegt, jedoch fährt auch viel Individualverkehr mitten durch die Stadt – ein Unding, wie man heute weiß. Denn in unserer Gegenwart ist jeder zweite Pkw auf dieser Verbindung ein sogenannter Durchfahrer durch die Innenstadt. Er kommt nicht von hier und möchte hier auch nicht hin – er fährt einfach nur durch. Das ist der Hauptgrund für die massiven Verkehrs- und Umweltprobleme in der Innenstadt und folglich die dürftige Aufenthalts- und Lebensqualität.

Infrastrukturelle Fehlplanungen, rückständige Fahrzeuge und Gleisanlagen sowie ein ausgeprägter Mangel an Material, Personal und Ressourcen – eine Bürde, mit denen der VEB Verkehrsbetriebe der Stadt Dresden in die 1990er Jahre hineingeht. Dennoch: Dispatcher, Straßenbahner, Fährleute, Seilbahnfahrer, Busfahrerinnen, Facharbeiter und Lehrlinge – sie alle blicken mit Stolz und vielleicht auch etwas Wehmut auf eine unglaubliche Zeit zurück. Denn man darf bei aller Kritik nicht vergessen: Es gibt in der DDR keinen Marshallplan wie im westdeutschen Teil Deutschlands; einige sächsische Industrieanlagen sind als Reparationen von der sowjetischen Besatzung demontiert worden; Material, Personal und Gelder sind knapp – es stellt sich heraus, dass Improvisationskunst während der gesamten DDR-Zeit gefragt ist, nicht nur in den Nachkriegsjahren. Pläne für die Entwicklung des Nahverkehrs in Dresden gibt es viele, zum Beispiel zum Bau neuer Betriebsstätten, aber der Mangel an Geld und Material sorgt dafür, dass viele dieser Ideen zu den Akten gelegt werden. Der Wille zur Weiterentwicklung ist dafür umso größer. Dafür steht eine Generation von Mitarbeiterinnen und Mitarbeitern des VEB Verkehrsbetriebe der Stadt Dresden, ohne deren Engagement und Erschließungsvisionen Dresden nicht die Stadt wäre, die sie heute ist. Ihre Fahrzeuge werden zum Ende der 1980er Jahre zu Rädern der Geschichte, die eine ganz neue Generation von Engagierten zu den Demonstrationen bringen – in die Prager Straße, in die Innenstadt und zum Hauptbahnhof. Eine Wende steht an. Und mit ihr ganz neue Herausforderungen.

9 Kaditz
DVB
13

1989–2022
VON DER DDR
IN DIE NEUZEIT

WENDE UND WANDEL

Das Abzeichen des VEB Verkehrsbetriebe der Stadt Dresden wird auf die Uniformen genäht.

1989: ein geschichtsträchtiges Jahr und der Startschuss für eine neue Epoche. Die zunehmenden inneren Widersprüche der DDR und der neue sowjetische Geist von Glasnost und Perestroika leiten den großen Epochenwechsel und das Ende des Kalten Krieges ein. Für Deutschland beginnt ein völlig neues Kapitel, das nicht unbedingt die versprochenen blühenden Landschaften bringt, sondern auch Herausforderungen, die das Land noch Jahrzehnte später beschäftigen wird.

Welche Herausforderungen auf die Dresdner Bevölkerung und den VEB Verkehrsbetriebe der Stadt Dresden zukommen, kann in jener Wendezeit noch niemand absehen. Zwar hat der VEB die ressourcenknappe Planwirtschaft der DDR überlebt, doch wie wohl jedes andere Unternehmen ist der Betrieb gezwungen, sich mit der Wende personell und strukturell neu aufzustellen.

Abschied in Richtung Zukunft

Doch erst einmal verabschieden die Demonstrationen Ende 1989 das alte, marode System. Kein Schuss fällt, kein Gebäude brennt, keine Menschen werden verletzt. Für viele läuft damals das Alltagsleben parallel zur Umwälzung weiter. Am Morgen werden die Tasche gepackt, das Tramticket gelöst und die tägliche Arbeit verrichtet. Auch die Angestellten des VEB Verkehrsbetriebe der Stadt Dresden tun alles, damit der planmäßige Liniennetzverkehr weiterhin besteht. Doch der Systemwandel fordert auch vom Unternehmen seinen Tribut. Besonders der gravierende Personalmangel durch die erste Ausreisewelle in die alten Bundesländer ist spürbar. Auch der Ressourcenmangel infolge der Mangelwirtschaft der DDR macht sich im Betriebsalltag bemerkbar. Die nächste Zeit fordert nicht nur vom Unternehmen, sondern von jedem Teil der Dresdner Gesellschaft Kreativität und Kompromissbereitschaft.

In den Wendejahren 1989/90 kann die Streifenkarte mit sechs Fahrten für eine Mark noch von den Fahrgästen gekauft werden. Ab März 1991 werden neue Tarife eingeführt.

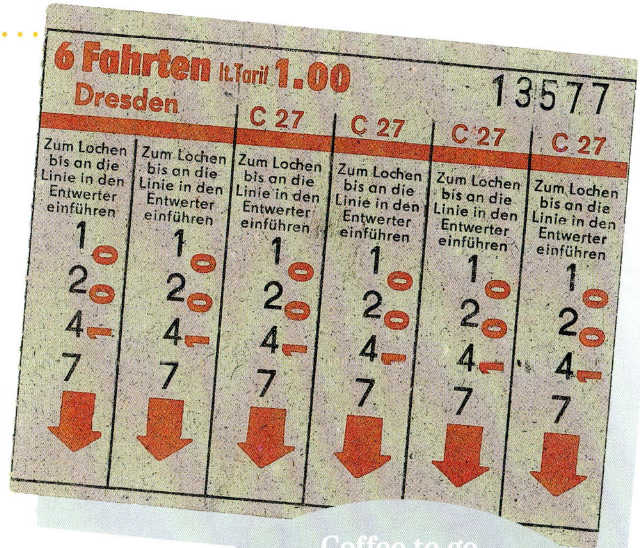

Coffee to go

Das wiederauffüllbare Kaffeeset für Fahrerinnen und Fahrer aus der DDR-Zeit ist auch in den 1990ern noch rege in Gebrauch. Auf dem Kasten ist vermerkt, zu welchem Betriebshof er gehört – in diesem Fall zu Mickten. Neben Kaffeekanne und -tasse enthält er vier Stück Zucker und ein Tablettenröhrchen mit Sahne – bemessen für genau zwei Tassenfüllungen.

»Im Fahrdienst haben wir vorher auf dem Betriebshof angerufen und Kaffee bestellt. Eine Kanne kostete eine Mark – ein kleines Nebengeschäft für den Rangierdienst oder die Einsatzleiter, die das Kaffeekochen mit übernahmen. In Tolkewitz ging das über die kleine Kantine, die meine Mutter betrieb. Kaffeeschleusen wie ich hatten immer zwei Kästen in Gebrauch.«

Jörg Pintér

Dialog, Demokratie, Durchhaltevermögen

Der Betrieb reagiert auf die komplexe Situation nach der Wende mit Dialog. Die Belegschaft gründet auf Einladung der Unternehmensleitung einen Runden Tisch als neues Instrument der demokratischen Streitkultur. Auf der Agenda stehen die personellen und strukturellen Herausforderungen, die Bildung eines Betriebsrats, die Neuwahl der Betriebsgewerkschaftsleitung und die Aufarbeitung der unrühmlichen Rolle des Ministeriums für Staatssicherheit (MfS). Vertreten sind alle Parteien, Organisationen, Gruppen und Gremien, die zum Unternehmen gehören.

Der Runde Tisch der Verkehrsbetriebe im März 1990.

DER WEG ZUR AG

Zeitgemäßes Design

Was 1988 begann, setzt sich in den 1990ern konsequent fort: Fahrzeuge, Haltestellen, Servicestellen und Publikationen erhalten ein einheitliches gelbes Design. Auch das Logo des neu gegründeten Straßenbahnmuseum Dresden e.V. lehnt sich daran an.

Nun steht nach 39 Jahren VEB die Bildung einer Aktiengesellschaft (AG) mit drei Vorständen an. Auf der Belegschaftsversammlung am 26. April stimmt der Großteil der Beschäftigten für die Form der AG. Bis zum Eintrag im Handelsregister werden wegen umfassender Bürokratie allerdings noch drei Jahre vergehen. In der Zwischenzeit gründet sich 1992 das betriebliche Sozialwerk. Es sichert das Fortbestehen sozialer Errungenschaften wie der betrieblichen Weihnachtsfeiern. Auch der Straßenbahnmuseum Dresden e.V. feiert seine Gründung – ein Verein, dessen Mitglieder sich bis heute mit großem Engagement um die Vermittlung der Unternehmensgeschichte und seiner Fahrzeuge kümmern.

Der damalige Betriebsdirektor erklärt im Rahmen des Runden Tisches im April 1990 die Struktur der geplanten zukünftigen Aktiengesellschaft.

Zusätzlicher Service in der Adventszeit: Im DVB-Infomobil dürfen Kundinnen und Kunden ihr Gepäck abgeben, um entspannt Geschenke einkaufen gehen zu können.

Sozialwerk
DER DRESDNER VERKEHRSBETRIEBE AG e.V.

Wir gehören zusammen

Seit Ende 1992 bemüht sich das Sozialwerk um das Fortbestehen sozialer Errungenschaften.

Ein Hit für die Kinder: Im Mai 1995 feiern die DVB mit großen und kleinen Gästen den vierten Geburtstag der Kinderstraßenbahn Lottchen.

Start der Dresdner Verkehrsbetriebe AG – und die Frage nach der Stasi

Am 16. August 1993 darf die Dresdner Verkehrsbetriebe AG beim Amtsgericht Dresden endlich in das Handelsregister eingetragen werden. Die Geburtsstunde der DVB AG. Nun kann die Neugestaltung des Betriebs nach Anforderungen der Marktwirtschaft endlich umfassend angepackt werden.

Dazu gehört auch der Umgang mit der politischen Orientierung und ehemaligen Mitgliedern des Ministeriums für Staatssicherheit (Stasi). Gegenüber der Mitarbeiterzeitung DER HECHT sagt Hans-Jürgen Credé, Mitglied des Vorstands und Arbeitsdirektor des Unternehmens: »Das Stasi-Problem hat zu Recht einen hohen Stellenwert. Auch in den neuen Ländern gelten rechtsstaatliche Grundsätze. Ich kann mich von Stasi-Mitarbeitern und -Mitarbeiterinnen dann trennen, wenn sie gegen ihre arbeitsvertraglichen Pflichten verstoßen haben. Die Personen müssen aus rechtlichen Gründen genauso in Sozialauswahlverfahren einbezogen werden wie andere Angestellte mit gleicher Qualifikation.« Credé merkt an, dass weniger als 1,4 Prozent der Beschäftigten einen Hinweis auf Beziehungen zum ehemaligen Ministerium für Staatssicherheit besaßen. Noch vor der finalen Gründung der Aktiengesellschaft kann sich das Unternehmen aber größtenteils von ihnen trennen.

Vorstand Hans-Jürgen Credé 1997 im Interview mit Petra Brenner, Redakteurin der Mitarbeiterzeitung DER HECHT.

Der Weg zur finanziellen Sicherheit

Neben der Vergangenheitsbewältigung stellen die Finanzen eine zusätzliche Herausforderung dar: Die Unternehmensleitung arbeitet gemeinsam mit dem Betriebsrat ein Konzept zur Optimierung der Wirtschaftlichkeit für 1991 bis 1995 aus. Bestandteil ist beispielsweise die Einführung eines zeitabhängigen Tarifsystems mit erhöhten Fahrpreisen. Außerdem beinhaltet es Punkte wie Aus- und Weiterbildung und Angleichung an das bundesdeutsche Recht – zum Beispiel beim Lohntarif. Dennoch zeigen die Folgejahre, wie schwer planbar zu diesem Zeitpunkt die Chancen und Risiken der Wendezeit für Betriebe der ehemaligen DDR sind. Da hilft es, dass die DVB 1997 Teil des TWD-Konzerns werden, um dank dieses steuerlichen Querverbunds mehr Stabilität in der eigenen Finanzlage zu gewährleisten – bis heute ein wichtiger Aspekt in der verkehrlichen Versorgungssicherheit Dresdens.

1992 werden die ersten »stummen Verkäufer«, also die ersten Fahrausweisautomaten, an zentralen Plätzen im Stadtgebiet aufgebaut.

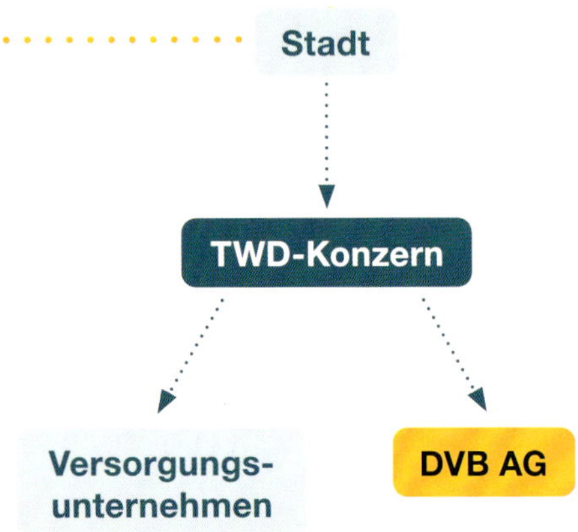

Mit dieser Grafik in der Mitarbeiterzeitung DER HECHT wird Ende 1996 die Rolle der DVB im TWD-Konzern erklärt; im Grunde gilt diese Struktur bis heute.

Gemeinsames Handeln unter hohem Druck

Die Bevölkerung spürt, dass mit der D-Mark ein härterer Wettbewerb Einzug hält. Vor der Wende lagen die Lebenshaltungskosten auf verhältnismäßig niedrigem Niveau. Das galt auch für die Tickets für Bus und Tram: Über Jahrzehnte kostete eine beliebig weite Fahrt mit der Straßenbahn pro Person 20 DDR-Pfennig. Das muss sich nun ändern, und der Betrieb muss den Spagat zwischen sozialer Verantwortung und der Abwendung eines Bankrotts schaffen. Und zwar schnell: Denn der DVB AG droht der Konkurs, wenn sie nicht wirtschaftliche Handlungsspielräume durch Rationalisierung schafft. Dazu zählen der schrittweise Personalabbau, geringfügige Leistungseinschränkungen, eine maßvolle Tarifanhebung und eine stärkere Mitfinanzierung der Landkreise und Kommunen.

Da staunen die Dresdnerinnen und Dresdner nicht schlecht

Der erste neue Niederflurstadtbahnwagen NGT 6 DD präsentiert sich im März 1996 auf dem Postplatz.

Die Vorstände Reiner Zieschank (links) und Frank Müller-Eberstein unterzeichnen im Januar 1994 den Vertrag mit dem Konsortium Sachsentram zur Lieferung der ersten Niederflurstadtbahnwagen.

Erste Erfolge, Umstrukturierungen und ein neuer Straßenbahntyp

Der damalige Vorstand Reiner Zieschank erinnert sich heute, dass es nicht nur darum ging, zu modernisieren und umzustrukturieren. Man musste auch die Einnahmen stabilisieren und Fahrgäste trotz der wachsenden Beliebtheit und Erschwinglichkeit von Autos an sich binden. »Auf das eigene Auto hat so manch einer lange gewartet. Da tut man sich schwer, den Leuten einzureden, dass sie trotzdem weiter mit der Straßenbahn fahren sollen. Also brauchte man eine Abokarte, mit der Fahrgäste alles machen konnten; auch Fähre und Bergbahn fahren, jemanden mitnehmen oder einfach an jemand anderen weitergeben.« Die Leute stehen Schlange, um auf dem Dresdner Albertplatz eine dieser neuen Karten zu erwerben. Mit der

Dauer-brenner Klima

Das Design der City Card als übertragbare Abo-Monatskarte für das Jahr 1993. Schon damals hatten die DVB erkannt: ÖPNV trägt maßgeblich zu einem gesunden Stadtklima bei!

Einführung steigt der Verkauf 1992 sprunghaft von 4 000 auf 35 000. Sechs Jahre später werden die DVB auch Teil des Verkehrsverbunds Oberelbe (VVO) – ein Schritt, der den Nahverkehr für Fahrgäste noch komfortabler gestaltet, da sie nun ein einheitliches Ticket für den ÖPNV in der ganzen Region erwerben können. Das Umsteigen zwischen unterschiedlichen Verkehrsmitteln wird so deutlich vereinfacht. Die Einführung der Niederflurwagen – beginnend mit dem NGT 6 DD im Dezember 1995 – gibt dem Verkehrsangebot der DVB einen zusätzlichen Schub, ermöglichen diese Stadtbahnen doch einen barrierefreien Zustieg, erhöhten Fahrkomfort und ein größeres Platzangebot.

Eine wichtige Botschaft Anfang der 1990er Jahre, die die DVB den Dresdnerinnen und Dresdnern vermitteln wollen: Steigt um auf Bus und Bahn, so kommen alle gleich gut voran!

Bis 1996 entsteht in Gorbitz ein komplett neuer Straßenbahnbetriebshof.

Nur vier bleiben übrig

Um Kosten zu sparen, legt die DVB AG außerdem mehrere Betriebshöfe und Einsatzstellen der Straßenbahnen und Busse still. Es geht einfach nicht anders. »Vor der Wende war man beispielsweise gezwungen, Ersatzteile selbst herzustellen. Das erklärt unter anderem die hohe Zahl an Werkstätten und deren Personal«, erinnert sich Reiner Zieschank, damaliger Vorstand. »Die Teile wurden nun aber auf dem freien Markt angeboten. Die Werkstätten waren also überdimensioniert.« Von ehemals 13 bleiben so im Wesentlichen vier Standorte übrig – die neu gebauten Straßenbahnbetriebshöfe Gorbitz und

Reick, der neue Busbetriebshof Gruna und der Standort Trachenberge für Straßenbahn, Bus, als Betriebsleitstelle und Standort der Gesamtverwaltung.

Mitte der 2000er Jahre wird der Standort Reick zu einem modernen Betriebshof mit Servicehalle umgebaut.

1992 erhalten die DVB das Gelände des ehemaligen Kraftverkehrskombinats Dresden. Hier konzentriert sich seitdem die Busabstellung und -instandhaltung.

Eine Fahrzeugparade vor der ehemaligen Halle D auf dem Betriebshof Trachenberge, die 2002 wegen Baufälligkeit abgerissen wird.

Standorte verleihen neuen Glanz

Jener Standort Gorbitz wird in den nächsten Jahren Mittelpunkt für die Betreuung der Stadtbahnwagen und damit der Wartung und Instandhaltung beider Fahrzeuggenerationen, der Tatras und der NGTs. Der Werkstattbereich ist als Betriebswerkstatt für die täglich anfallenden Maßnahmen, aber auch für große Inspektionen eingerichtet. Die Fahrzeuge werden in einer 190 Meter langen Halle mit 20 Aufstellgleisen übergeben und bereitgestellt.

Am 23. April 1996 findet das Richtfest für das neue Verwaltungsgebäude am Standort Trachenberge statt.

Im Mai 1998 wird die Zentralhaltestelle Zwinglistraße als eine Maßnahme des Projekts »Pilotlinie 2« mit viel Prominenz eröffnet.

Streit um staufreie Fahrt

»In den alten Bundesländern gab es das Gemeindeverkehrsfinanzierungsgesetz, das zur Bedingung hatte, dass eine Straßenbahnstrecke unabhängig vom Autoverkehr sein musste. Dass also Autos und Straßenbahn sich nicht gegenseitig blockieren«, weiß Reiner Zieschank. »Das war die Messlatte, um das Projekt »Pilotlinie 2« zwischen Prohlis und Gorbitz überhaupt beantragen zu können.« Mit dem Bau der Strecke soll die Straßenbahn auf der Linie 2 schneller werden. Bereits Ende der 1990er Jahre ist ein großer Teil fertiggestellt. Trotzdem bleiben das Problem der Ampelschaltung und das Vorrecht des Querverkehrs bis heute bestehen, sodass die Straßenbahnen und Busse oft nicht wie gewünscht vorankommen.

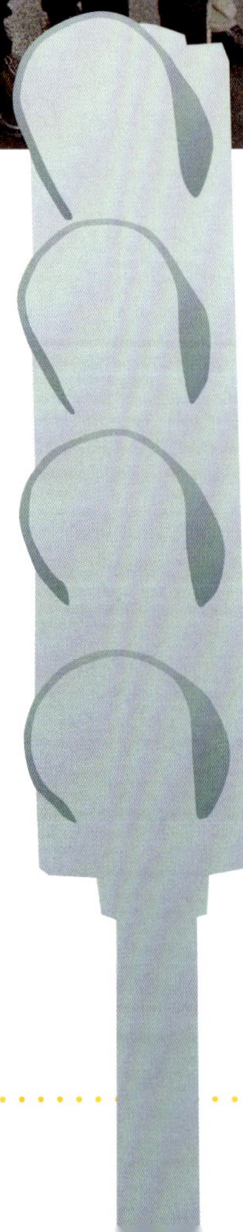

Der Schlüssel zum Unternehmenserfolg – die Belegschaft

Für Reiner Zieschank ist eine Botschaft besonders wichtig: »Trotz aller wirtschaftlich bedingter Umstrukturierungen und Sparmaßnahmen war die Motivation der Belegschaft, zum Erfolg ihrer DVB beizutragen, beispielhaft. Eine Flexibilität, die im Westen undenkbar war, ermöglichte daher in den 90er Jahren eine Unternehmensstruktur, die bis heute Basis für die Erfolgsgeschichte der DVB ist. Deshalb waren nach anfänglicher Unterstützung von Partnerbetrieben wie Hamburg und Stuttgart vielfach auch Kollegen und Kolleginnen aus den alten Bundesländern in Dresden, um sich die hiesigen Erfolge anzusehen.«

Neue Fahrzeuge aus Sachsen

Fachingenieure der Schienenfahrzeugtechnik begutachten im Jahr 2001 das Holzmodell des Niederflurstadtbahnwagens NGT D12 DD im Bombardier-Werk in Bautzen.

NEUE MODERNE BEI DEN DVB

Am Hauptbahnhof wird 1995 ein Servicepunkt eröffnet.

Die DVB bauen ihre digitalen Prozesse aus: Im März 1997 nimmt die DVB AG die Leitstelle Trachenberge in Betrieb. Ein besonderes Highlight: die modernen Arbeitsplätze für die Disponenten. Von Trachenberge aus führen die DVB die gesamte Überwachung aller ihrer Fahrzeuge im Dresdner Liniennetz durch. Mit der neuen Technologie geht auch der erste Fahrplan online, und die DVB verschicken in den Folgejahren erstmals Auskünfte per SMS.

Die neue Leitstelle befindet sich ab April 1997 im ebenso neuen Verwaltungsgebäude Trachenberge.

Von der Lochkarte zur App

Die DVB setzen bereits früh auf elektronische Datenverarbeitung – tatsächlich bereits seit 1967. In jener Zeit gründet sich das Sachgebiet »Einsatzvorbereitung zur Datenverarbeitung«, das ein Jahr später in ein größeres Büro zieht. Kurz darauf möchte Dresden mit Leipzig, Chemnitz und anderen Städten die Aufgaben rund um die Datenverarbeitung voranbringen – zum Beispiel bei der Gehaltsabrechnung oder in der Materialwirtschaft. Bald können die DVB auch die Verkehrsleistungen von Bussen und Bahnen erfassen, wenn auch noch per Lochkarte.

Nach der Wende ist es dann auch höchste Zeit für eine Modernisierung. So wie sich die DVB in vielen Bereichen umstellen müssen, ist das auch im EDV-Bereich der Fall. Sie führen bereits 1991 erste Module von SAP ein und binden schnell die Materialwirtschaft, das Informationssystem am Servicepunkt Postplatz, die Aussendung von Kundenbriefen via Kuvertiermaschine und viele weitere Prozesse an. Längst steht dahinter eine eigene große Abteilung. Übrigens: Mitte der 1990er Jahre sichern sich die DVB jene URL, die bis heute gilt: **www.dvb.de.**

Heute sind die DVB ohne digitale Lösungen nicht mehr denkbar. Nahezu alle internen Abläufe, alle Steuerungsprozesse und viele Angebote für die Fahrgäste basieren auf digitalen Anwendungen und Abläufen. Denn die Digitalisierung bietet viele Chancen, die die DVB heute und in Zukunft nutzen werden.

Schick machen für die Kundinnen und Kunden

Im April 1997 eröffnen die DVB den neuen Servicepunkt am Albertplatz. Im gleichen Jahr kommt die neue bordeauxfarbene Dienstkleidung – wie hier von den Kolleginnen und Kollegen vom Kundenservice getragen.

Als technischer Vorstand und Vorstandssprecher der DVB prägt Frank Müller-Eberstein die Entwicklung des Dresdner Nahverkehrs nach der Wende entscheidend mit.

Stabiles Angebot trotz Mangel

»Als ich 1994 bei den DVB anfing, waren nur zwei Drittel der Fahrzeuge einsatzfähig. Die Kostendeckung lag bei 16,8 Prozent«, erinnert sich der damalige Vorstand Frank Müller-Eberstein. »Damals hatten wir bis zu 4 200 Mitarbeitende auf diverse Betriebshöfe verteilt. Die sahen teils abenteuerlich aus. Ich habe eine große Hochachtung vor denen bekommen, die unverzagt versuchten, trotz einer erheblichen Mangelwirtschaft insbesondere in den technischen Bereichen ein weitgehend stabiles Angebot zu erstellen.«

Der damalige Vorstand macht deutlich, wie hoch der Modernisierungsbedarf nach der Wende ist. Vorstand und Betriebsrat müssen in jener Phase eng zusammenarbeiten, um die Strukturen umkrempeln zu können. Geld ist zwar da, doch das muss effizient eingesetzt werden. Voraussetzungen dafür sind eine gute Kommunikation und Organisation. Dazu gehört für Frank Müller-Eberstein auch, sich permanent in allen Verantwortungsbereichen einen Überblick über die tatsächliche Situation zu schaffen und zu erreichen, dass nur stimmige Informationen sowohl nach oben als auch nach unten vermittelt werden. »Insbesondere an der Art, Dinge nach oben geschönt und nicht wahrheitsgemäß weiterzugeben, ist bereits ein ganzer Staat kollabiert.«

Großer Personalabbau der 1990er Jahre

Dennoch: Die DVB müssen kürzertreten, ein Personalabbau ist nicht zu vermeiden. Von über 4 000 Mitarbeiterinnen und Mitarbeitern halbiert sich deren Zahl in den nächsten sechs Jahren um etwa die Hälfte. Die Kürzungen treffen vor allem diejenigen, die nicht im Alltagsgeschäft der Personenbeförderung integriert sind: Küchenkräfte, Kindergärtnerinnen und Kindergärtner, Personal von Ferienheimen. »Hinzu kamen die politisch belasteten Kräfte, die sich zuerst erneut bewähren mussten«, sagt Frank Müller-Eberstein. »Der damals notwendige Einstellungsstopp wirkt sich bis heute ungünstig auf die Personalsituation aus, weil praktisch eine ganze Generation der Belegschaft fehlt und nicht nachbesetzt werden konnte.«

Bemme statt Suppe

Die an vielen Endpunkten übliche Pausenversorgung fällt schnell dem Rotstift zum Opfer.

Schmerzhaft, aber richtig

Annette Mergner, 1978 als Lehrling ins Unternehmen gekommen und seitdem Büroassistentin unter fünf Chefs, darunter zwei Vorständen, erinnert sich an diese Kurzungen als »wesentlichsten Einschnitt« in ihrer über 40-jährigen Betriebszugehörigkeit. »Aus heutiger Sicht waren diese teils schmerzlichen Jahre aber das Richtige, um heute das zu sein, was wir sind: ein deutschlandweites Vorzeigeunternehmen, auf das man stolz sein kann.« Gerade bei den zwangsweise in den Vorruhestand geschickten Kolleginnen und Kollegen habe es aber mitunter wehgetan, sie gehen zu sehen. »Man ist mit ihnen quasi in der DVB-Familie groß geworden, und viele waren wirklich noch nicht reif fürs Rentnerdasein.«

Auch die Erzieherinnen von Kinderbetreuungseinrichtungen der Verkehrsbetriebe, wie jenem in Alttolkewitz, sind von den Rationalisierungsmaßnahmen betroffen.

Einmal Windrose bitte

Mit dem Netz 2000 erhalten wichtige Verknüpfungspunkte, wie hier der Albertplatz, direkte Verbindungen in alle vier Himmelsrichtungen.

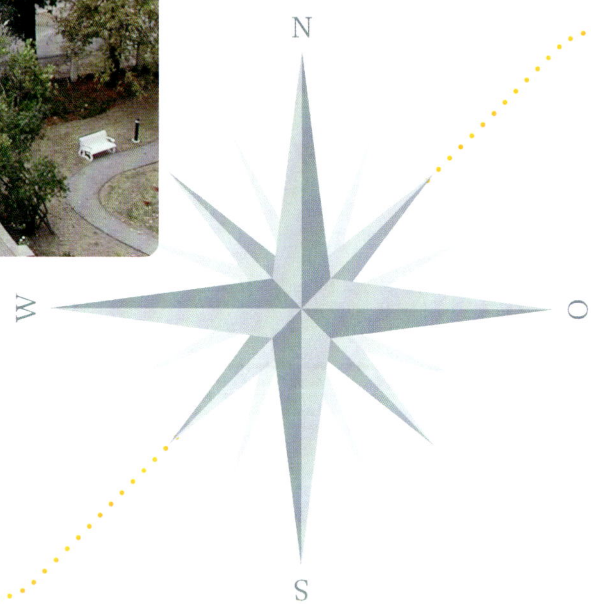

Netz 2000 – aus der Not heraus eine echte Revolution

Auch in anderen Bereichen des Unternehmens steht ein schwieriger Spagat an: Kosten sparen, Verkehrsangebot sichern und ein komplettes Unternehmen samt Fahrzeugen und Infrastruktur modernisieren. Es geht schlicht um die Existenz des Unternehmens. »Als ich 1996 bei den DVB ankam, habe ich ein Unternehmen im Aufbruch erlebt«, erinnert sich Ingo Wortmann, der zuerst im Vorstandsbüro und später bis 2002 als Leiter des Verkehrsmanagements und Marketings das Unternehmen bereicherte. »Wir begannen damals mit der Einführung von Standards: längere Züge, barrierefreie Haltestellen oder auch das neue Netzelement in Plauen im Zuge der Linie 3.« Trotz der immens angespannten Lage gilt es, größere Streckenstilllegungen zu verhindern. Sie würden zwar zu kurzfristigen Gewinnen in Form von Kosteneinsparungen führen, aber auch das Netz deutlich verkleinern. Einen drohenden »Kahlschlag« nennt es Ingo Wortmann als heutiger Präsident

10-Minuten-Takt auf allen wichtigen Straßenbahn- und Buslinien in Dresden: leicht zu merken seit der Liniennetzreform am 28. Mai 2000.

des Verbands Deutscher Verkehrsunternehmen (VDV) sogar. »Wir konnten aber mithilfe von Fahrgastzählungen nachweisen, dass die meisten Strecken, die zur Stilllegung vorgesehen waren, eine hohe Nachfrage aufwiesen.« Ein Schrumpfen ist also keine Option, wenn die DVB wirtschaftlich bleiben möchten.

Ein Konzept muss deshalb her. Und zwar dringend. Eines davon ist das Netz 2000. Dessen Ziele: der weitestgehende Verzicht von Stilllegungen und die Konzentration auf die Optimierung des Netzes, das sich an den Bedürfnissen der Fahrgäste besser orientieren soll. Es definiert Maßnahmen in den Bereichen Personal, Betriebshof und Werkstätten, Restrukturierung und Netz. Die DVB sind dabei deutschlandweit das erste Unternehmen, das rechnergestützte Verkehrsprognosen nutzt, um die Planung von Netz, Taktung und Auslastung verlässlich zu validieren. So gelingt es dem Unternehmen, das Liniennetz sehr exakt an den Kundenströmen auszurichten sowie einen konsequenten Zehn-Minuten-Grundtakt und ein 24/7-Grundtaktsystem anzubieten. Ergänzt wird diese Ausrichtung mit gezielten Streckenerweiterungen, beispielsweise nach Kaditz. Das DVB-Angebot soll dank dieses Gesamtkonzepts für die Kundinnen und Kunden permanent und bedarfsgerecht nutzbar sein – ein Prinzip, das sich auszahlt: Bis 2006 sparen die DVB spürbar Kosten und gewinnen rund 2,5 Millionen neue Fahrgäste pro Jahr hinzu. Ein Erfolg, mit dem keiner rechnet außer die DVB selbst. Und eine Strategie, von der sich andere Städte bundesweit inspirieren lassen. Denn die Verkehrsbetriebe zeigen: Kosten sparen und zugleich die Nachfrage steigern kann funktionieren.

Seitdem sind die DVB bei der Stadt Dresden anerkannter Dienstleister bei Vorschlägen zu neuen Planungen. Zugleich rangiert das Unternehmen deutschlandweit regelmäßig auf Platz 1 im Bereich der Fahrgastzufriedenheit; auch beim überbetrieblichen Vergleich bei Leistungsnachfrage und Wirtschaftlichkeit sind die DVB stark.

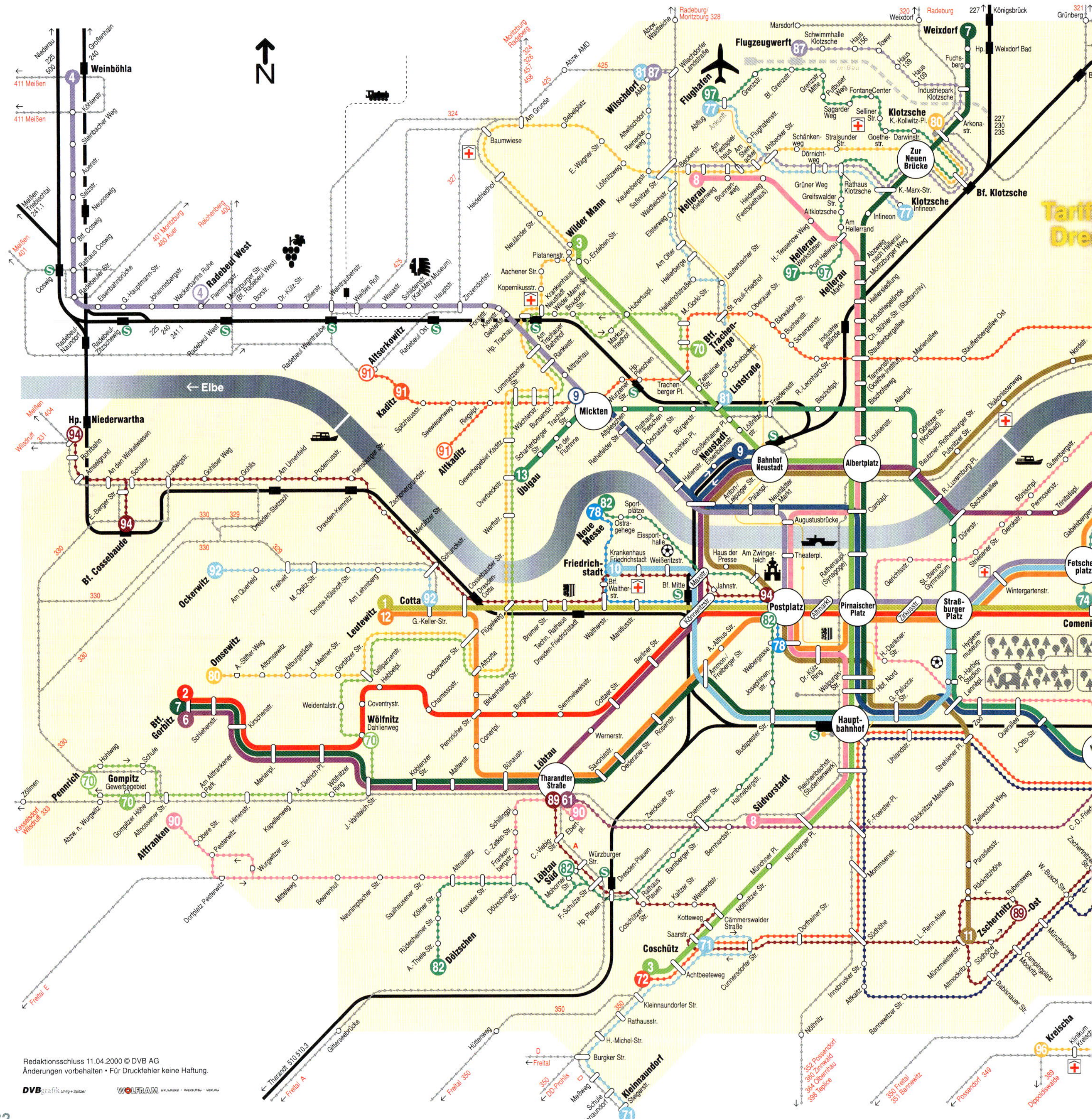

Redaktionsschluss 11.04.2000 © DVB AG
Änderungen vorbehalten • Für Druckfehler keine Haftung.

Im Jahr 2000 wird das Liniennetz revolutioniert und ist dem Grunde nach bis heute gültig.

Am 10. Juni 1999 wird die Neubaustrecke Plauen-Coschütz nach rund sechs Monaten Bauzeit feierlich eröffnet.

Das Verkehrsnetz wächst trotz knapper Kasse

Den Beweis, dass eine enge Finanzplanung nicht die Reduzierung des Angebots bedeuten muss, liefern die DVB unter anderem mit der Neubaustrecke Plauen – Coschütz. Früher verlief die Strecke entlang der Kesselsdorfer/Tharandter Straße, jener Streckenteil wird ab diesem Zeitpunkt allerdings stillgelegt. Mit der Neubaustrecke benötigen die Coschützer von nun an nur noch 15 statt 27 Minuten von der Haltestelle Achtbeeteweg zur Walpurgisstraße.

Im Jahr 1999 schaukelt ein Ikarus-Bus seine Fahrgäste über die Caspar-David-Friedrich-Straße.

Adieu, Ikarus – es war schön mit dir

Im März 2001 steht ein schwerer Abschied an: Die DVB nehmen Abschied von dem geliebten Busmodell Ikarus. So viele Menschen schoben sich täglich durch die Tür und die kleinen Stufen hoch in den Bus, um auf den Bänkchen aus braunem Kunstleder Platz zu nehmen und sich zur Universität, zum Einkaufen oder zum Kaffeetreffen mit der besten Freundin fahren zu lassen. Doch es steht eine wichtige Modernisierung an – die DVB setzen auf Niederflurbusse.

Der ungarische Hersteller schafft es aber nicht, im Wettbewerb mit den Marken MAN und Mercedes den technischen Erfordernissen in Deutschland gerecht zu werden. Sicherheit, Zuverlässigkeit und Komfort gehen an dieser Stelle vor.

Lichtblick für alle Ikarus-Romantiker: Ein Modell des Typs 280 kommt als Museumsfahrzeug in den Bestand des Vereins historische Kraftfahrzeuge e.V., welcher sich im Februar 2002 gründet.

Die DVB beliefern VW

Für die Gläserne Fabrik der Volkswagen AG bauen die DVB Gleisanbindungen für die Güterstraßenbahn CarGoTram. Sie transportiert zwischen dem Logistikzentrum am Bahnhof Friedrichstadt und der Gläsernen Manufaktur Bauteile für Pkw. Damit werden täglich rund 65 Lkw-Fahrten durch Dresden ersetzt.

Als Mitglied der Tarifkommission auf Seiten der Gewerkschaft ver.di muss Betriebsrat Lothar Eichner Anfang der 2000er Entscheidungen mittragen, die nicht leicht sind.

Von der Straße auf die Schiene

Seit dem 1. März 2001 rollt die erste Güterstraßenbahn des 21. Jahrhunderts durch Dresden. Die Route der blauen CarGoTram führt vom Logistikzentrum des VW Konzerns im ehemaligen Ausbesserungswerk der Reichsbahn in Dresden-Friedrichstadt über den Postplatz, um dann ihr Ziel, die Gläserne Manufaktur, zu erreichen.

Sieben schmale Jahre

Mit Beginn der 2000er Jahre sind sämtliche Möglichkeiten der wirtschaftlichen Konsolidierung ausgeschöpft. Um die nötige Wettbewerbsfähigkeit zu sichern, bedarf es strikterer Maßnahmen. Die städtische Kassenlage ist extrem angespannt, die DVB muss weiter sparen. Zudem verfolgt die EU das Ziel, auch den ÖPNV-Markt für den Wettbewerb zu öffnen. 2004 steht die erneute Vergabe der Konzessionen für die Dresdner Straßenbahn- und Buslinien an. Würden sich die DVB hier einem Ausschreibungs- oder Genehmigungswettbewerb stellen müssen?

Gegen Überlegungen, mehrere rechtlich eigenständige Tochtergesellschaften aus der DVB auszugründen, setzt sich die Arbeitnehmervertretung erfolgreich zur Wehr. Das Unternehmen soll in seiner Gesamtheit erhalten bleiben. Im Juli 2000 beschließen die Aufsichtsräte einstimmig ein Restrukturierungskonzept. Demnach wird mit Beginn des Jahres 2001 eine Centerstruktur eingeführt, von der man sich eine höhere Kostentransparenz, Flexibilität und Produktivität verspricht. Außerdem gibt es eine Vereinbarung über das Einfrieren der Löhne und Gehälter auf dem Stand vom 31. Dezember 2000. Gleichzeitig wird die wöchentliche Arbeitszeit ohne Lohnausgleich schrittweise von 38 auf 40 Stunden angehoben und ein Urlaubstag fällt weg. So leisten die Beschäftigten ihren Beitrag zur Existenzsicherung des Unternehmens, der bis heute schmerzlich im kollektiven Gedächtnis der DVB-Belegschaft verankert ist.

EINE KATASTROPHE SCHWEISST EINE STADT ZUSAMMEN

2002 – das Jahr des Hochwassers: Was am 12. August mit Dauerregen beginnt, endet damit, dass nicht nur den Denkmälern das Wasser wortwörtlich bis zum Halse steht. Ganze Stadtviertel werden bei einem Pegelstand von fast zehn Metern vom Hochwasser verschluckt. Große Teile des Stadtlebens und des Personennahverkehrs stehen still.

Sandsäcke füllen, Sandsäcke stapeln

Die Mitarbeitenden der Fähren sind unermüdlich im Einsatz, um die Fährschiffe und das Fährhaus so gut wie möglich zu schützen.

Straßenbahnen können nicht schwimmen

Die Weißeritz überflutet den Hauptbahnhof und die St. Petersburger Straße am 13. August 2002 so schnell, dass niemand mehr reagieren kann. Die defekten Fahrzeuge können erst am nächsten Tag geborgen werden, als das Wasser abgeflossen ist.

Wo ist Ufer, wo ist Fluss? Die Überschwemmungen sind gravierend.

Apokalypse Elbe – die große Flut

Zahlreiche Flutopfer berichten in jenen Tagen von einem Ausnahmezustand. Viele Keller sind geflutet, in einigen Wohnungen steht das Wasser buchstäblich bis zum Lampenschirm. Der Strom fällt für mehrere Tage aus. »Viele Straßenbahnlinien konnten nicht mehr fahren«, schreibt damals die Mitarbeiterzeitung DER HECHT. »Auch auf einigen Buslinien ging es nicht mehr geregelt zu, da fast alle Brückenunterführungen voll Wasser gelaufen waren.« Auch Angestellte der DVB spüren die Folgen der Naturgewalt. Das Unternehmen ruft zur Spendenaktion auf, um die Mitarbeiterinnen und Mitarbeiter bei den notwendigsten Dingen finanziell zu unterstützen.

Das Chaos nach der Flut: Straße und Schiene auf der Freiberger Straße sind nach dem Rückgang des Wassers schwer beschädigt.

Wie zieht man eine Straßenbahn aus dem Wasser? Viele helfende Hände unterstützen die Bergung der Straßenbahnen auf der St. Petersburger Straße.

Hilfsbereitschaft beflügelt

Auch die DVB selbst befinden sich im Ausnahmezustand. Jeden Tag gilt es, Presseanfragen zu beantworten, neue Liniennetzpläne herauszuarbeiten und an die Öffentlichkeit zu bringen. »Es galten keine der alten Fahrpläne oder Arbeitszeiten mehr«, erinnert sich der damalige Vorstand Frank Müller-Eberstein. »Dafür gab es eine riesige Hilfsbereitschaft wie in einer großen Familie. Alle Mitarbeiter und Mitarbeiterinnen, die nicht in einem erheblichen Umfang persönlich durch die Flut betroffen waren, versuchten erfolgreich, durch Eigeninitiative und Erfindungsgeist ein Grundangebot im Verkehr, das meist nur in Teilbereichen möglich war, aufrechtzuerhalten. Hierzu kamen die vielfältigen Unterstützungen

anderer Verkehrsbetriebe mit Bussen und technischem Hilfsgerät. Das hat das Unternehmen natürlich auch unheimlich beflügelt.«
Die DVB schätzen in einer vorläufigen Bilanz den Schaden auf 50 Millionen Euro.

Das Beste der Menschen kommt zum Vorschein

Doch es treffen zahlreiche Spenden von privaten Personen und anderen Unternehmen ein. Sie müssen gesichtet und ihre Verteilung koordiniert werden. »Ein Ruck ging durch die Menschen«,

Mitarbeitende des Verkehrsverbundes Oberelbe (VVO) und der DVB arbeiten während der Hochwasserkatastrophe gemeinsam in einem temporär eingerichteten Call Center, um alle Kundenanfragen beantworten zu können.

Andere Verkehrsunternehmen unterstützen die DVB beim Bewältigen der Flutfolgen – hier ein Bus der Hamburger Hochbahn am Pirnaischen Platz.

Mitarbeiter und Mitarbeiterinnen der Verwaltung befüllen Sandsäcke auf dem Betriebshof Trachenberge.

erinnert sich Frank Schmidt als Betriebshofleiter in Gruna an jene Tage. »Die Mitarbeiterinnen und Mitarbeiter standen Schlange, um ihre Hilfe anzubieten, um den Verkehr in Dresden aufrechtzuerhalten. Die Wärme und Hilfsbereitschaft, die ich während dieser Katastrophenverwaltung erleben durfte, kann ich heute noch nicht in Worte fassen.«

Auftauchen aus der Jahrhundertflut

Nach und nach können sich die Dresdner Gesellschaft und mit ihr die DVB von dem harten Schlag der Natur erholen. 2002 hat das Hochwasser die Brücke über der Flutrinne so hart getroffen, dass der Personenverkehr der DVB zwischen Mickten und Übigau eingestellt werden muss.

Wiederaufbau mit Chancen

Die Straßenbahnstrecke nach Übigau fällt der Flut endgültig zum Opfer. Dafür wird 2003 eine neue Strecke zum Elbepark und nach Kaditz gebaut.

Bei der Rekonstruktion der Schwebebahn 2001/2002 kommt ein 17 Tonnen schwerer und eigens für diesen Zweck entwickelter Montagewagen zum Einsatz. Er transportiert die benötigten Stahlteile dorthin, wo die Reichweite der beiden Kräne endet.

Weltrekord

2003 erscheint die damals längste Straßenbahn der Welt auf Dresdens Straßen. Der NGT D12 DD ist 45 Meter lang und spielt im November 2003 eine Hauptrolle bei der Eröffnungszeremonie der Neubaustrecke nach Kaditz.

Wenn die DVB einladen, kommen immer viele Gäste – wie hier bei nasskaltem Novemberwetter zur Eröffnung der neuen Straßenbahnstrecke nach Pennrich 2008.

Kaditz, Gompitz und Pennrich kommen ans Bahnnetz

In der Weihnachtszeit 2003 können alle Fahrgäste wieder ihre Geschenke aus dem Elbepark bequem mit der Bahn nach Hause bringen. Damit erfüllen die DVB das Versprechen, nur ein Jahr nach der Hochwasserkatastrophe mit einem Ersatzneubau den Verkehr wieder ins Rollen zu bringen. Die Linie 9 wird als sogenannte Einkaufslinie im kommenden Jahr für weitere 2,5 Millionen Euro mit 75 Prozent Förderung erweitert. Ab diesem Zeitpunkt verbindet sie die großen Einkaufszentren zwischen Prohlis und Kaditz. Im November 2008 wird außerdem eine weitere Netzerweiterung abgeschlossen: die Neubaustrecke vom Betriebshof Gorbitz über Gompitz nach Pennrich. Sie verbindet auf einer Länge von 2,8 Kilometern die beiden Stadtteile mit der Innenstadt. Die Trasse zwischen Gorbitz und Pennrich verläuft weitgehend parallel zur Bundesstraße 173 und ist somit abgekoppelt vom übrigen Straßenverkehr.

Die Mitarbeiterinnen und Mitarbeiter der Verkehrsbetriebe erledigen ihre Arbeit gewissenhaft und sind mit ganzem Herzen dabei. Umso wichtiger ist es, das den ehemaligen Mitarbeitenden des VEB Verkehrsbetriebe der Stadt Dresden mit der Anerkennung ihres Ausbildungsberufs die Wertschätzung erteilt wird, die sie verdient haben.

Höchste Zeit

DDR-Facharbeitskräfte werden anerkannt. Beinahe 15 Jahre erleben Mitarbeiterinnen und Mitarbeiter der DVB immer noch Schwierigkeiten bei der Anerkennung ihres Berufs. Schließlich hatte er in der DDR eine andere Bezeichnung als in der jetzigen BRD. Zum Beispiel der »Facharbeiter für städtischen Nahverkehr«. Er gleicht zwar der sogenannten Fachkraft im Fahrbetrieb, doch anerkannt wird er nicht. Erst ab 2006 können Betroffene ihren Wunsch nach Anerkennung ihres Berufs bei der IHK beantragen.

Im Jahr 2008 schließt der Betriebshof Tolkewitz für immer seine Pforten. Die Werkstatt zieht nach Gorbitz, die Weichenwerkstatt und die Abstellanlage siedeln nach Reick um.

Hereinspaziert! Die Dresdnerinnen und Dresdner strömen 2009 in den neu gebauten Betriebshof Reick, um sich selbst ein Bild zu machen.

In der Weichenwerkstatt auf dem Gelände des Betriebshofes Reick entstehen seit 2008 maßgeschneiderte Gleiskonstruktionen, auch für andere Straßenbahnunternehmen. Weichenbauer Naseri Gul Baz (links) und Manfred Troschütz sind Teil des Teams.

Zum Fahrplanwechsel im November 2009 tritt das neue Busliniennetz in Kraft. Neben neuen Direktverbindungen werden die 60er Buslinien eingeführt, die werktags mindestens alle zehn Minuten fahren. Liniennummern folgen ab sofort einem System und stellen die Dresdner Fahrgäste vor eine Lernaufgabe.

Der grüne Solaris-Dackel mit blauem Doppelherz versinnbildlicht abgasfreie Elektromobilität, barrierefreie Einstiege und das Zusammenspiel zweier Motortypen.

Vorreiter bei der Nachhaltigkeit im Busbetrieb

Wie kann die Mobilität von morgen aussehen? Wie deren Technologie, Steuerung und Antriebsprinzipien? Die DVB geben 2007 eine erste Antwort. Sie sind europaweit das erste Verkehrsunternehmen, das einen in Serie gefertigten Hybridbus in seiner Flotte einsetzt: den Solaris Urbino 18 Hybrid. Aus technischer Perspektive ist er seinerzeit mit einem Dieselmotor und zwei Elektromotoren mit Batterie ein Einzelgänger. Diese Stadtbusse sind bis heute Schlüsselfaktoren für die urbane Mobilität, einen leiseren Stadtverkehr und mehr Nachhaltigkeit im ÖPNV.

Im Jahr 2007 zieht mit dem Solaris Urbino 18 Hybrid die Elektromobilität im Busbereich ein.

OFFEN FÜR DIE WELT

Das Netz von Dresden wächst – und mit ihm die Stadt. Ein gutes Beispiel: die Eröffnung der gut 1,6 Kilometer langen Neubaustrecke der Linie 10 von Friedrichstadt zur Messe 2011. Sie verbindet den Hauptbahnhof mit Veranstaltungsorten wie dem Ostragehege als Sport- und Veranstaltungsgelände. Durch die Streckenerweiterung wird die Begegnungsstätte mit Messe, Events, Sportstätten und Gewerbe gut an die Innenstadt und zentrale Bahnhöfe angebunden und kann sich entsprechend schnell etablieren.

Am 4. April 2011 feiern die DVB-Vorstände Reiner Zieschank (links) und Hans-Jürgen Credé gemeinsam mit den Bauleuten Richtfest für die neue Schlachthofbrücke mit Straßenbahngleisen.

Normalerweise sind auf dieser Strecke jeden Tag 300 000 Fahrgäste unterwegs. Bei Großereignissen wie dem 33. Deutschen Kirchentag (DEKT) befördern die DVB insgesamt gut zwei Millionen Fahrgäste mehr mit Bus und Bahn – mit zusätzlichen Fahrzeugen und unfassbar viel Engagement aller Mitarbeiterinnen und Mitarbeiter der DVB.

Februar 2011: Die Schlachthofbrücke wird für die Straßenbahn zur Messe ertüchtigt.

Dank der neuen Straßenbahnverbindung in die Messe Dresden sind die zahlreichen Teilnehmenden des Kirchentags im Juli 2011 entspannt unterwegs.

Aus der Gastro in die Bahn

Weil der Personalbedarf der DVB steigt und gleichzeitig viele Mitarbeitende in den Ruhestand gehen, schulen seit 2009 zahlreiche Menschen auf die Straßenbahn um. Die sogenannten Quereinsteiger erhalten eine Ausbildung in der unternehmenseigenen Fahrschule und beginnen ein zweites Berufsleben als Straßenbahnfahrerinnen oder Straßenbahnfahrer. Sie sind Köchinnen oder Kellner, Verkäuferinnen oder Hotelfachleute. Viele von ihnen kommen aus dem Dienstleistungssektor und bringen die nötige Serviceorientierung schon mit.

FÜR EINE STADT MIT ZUKUNFT

Eine Stadt wie Dresden funktioniert nur mit einem Unternehmen wie den DVB. Das wird jeden Tag aufs Neue deutlich. Deshalb erhalten die DVB 2017 von der Stadt Dresden die Zusicherung und Aufgabe, den Straßenbahn- und Buslinienverkehr bis 2040 sowie den Betrieb der Bergbahnen und Elbfähren bis 2027 weiterhin zu betreiben und zu entwickeln. Das ist neben einer soliden Festigung auch eine Bestätigung des erfolgreichen Beförderungsauftrags.

Das gibt nicht nur den heute rund 2 000 Beschäftigten eine Aussicht auf langfristige Planungs- und Arbeitsplatzsicherheit. Andreas Hemmersbach, Vorstandsmitglied für den Sektor Finanzen und Technik, fasst zusammen: »Dresden wächst rasant. Wir wollen unser Stadtbahnnetz erweitern und moderne Fahrzeuge mit größerer Kapazität beschaffen. Dadurch schaffen wir die Voraussetzung für eine nachhaltige Entwicklung des ÖPNV in Dresden.«

Generationswechsel im Vorstand

Seit September 2015 beziehungsweise Januar 2016 stehen **Lars Seiffert** (Betrieb und Personal, rechts) und **Andreas Hemmersbach** (Finanzen und Technik) an der Spitze der DVB.

Endlich rollt's

Sowohl Bauherren als auch Baufirmen wird seit dem Baubeginn im März 2017 viel abverlangt. Wegen der Einwendung eines Anwohners liegt das Projekt von April 2017 bis Juli 2018 auf Eis. Umso größer ist die Freude bei der Streckenfreigabe im Juli 2019.

Vorwärts Schritt für Schritt

Das Bemühen um eine nachhaltige Entwicklung im öffentlichen Personenverkehr trägt 2019 mit der Eröffnung der Neubaustrecke Oskarstraße/Tiergartenstraße Früchte. Das kurze Streckenstück ist dabei nur ein Teil eines umfangreichen Stadtbahnprogramms, das die DVB planen, und ermöglicht ein bequemes Umsteigen am Haltepunkt Strehlen zwischen S-Bahn, Bus und Straßenbahn.

Projektleiterin Annett Tschacher koordiniert das schwierige Neubauprojekt »Oskarstraße/Tiergartenstraße« mit Fachkompetenz und Geduld.

KOMFORTABLES FAHREN MIT PANORAMA

… ein
… reichen.
… Erstel-
… sdner
… netern
… nge-
… len«,
… ienen-
… Ver-
… gend-
… mehr
… fahren zu lassen, weil dies lediglich zu
einem Verkehrschaos führen würde.

290 Personen bequem von A nach B

Die Lösung sind die besagten zusätzlichen 35 Zentimeter: Bisher konnten 260 Menschen im Stadtbahnwagen Platz finden, in dem NGT DX DD sind es nun bis zu 290 Fahrgäste. Um den Wartungsaufwand zu verringern, die deutschen Sicherheitsstandards einzuhalten und den Fahrgästen einen zeitgemäßen Komfort zu bieten, wird in Dresden ein Teil der bisherigen Stadtbahnwagen mit 30 neuen Modellen ausgetauscht.

Vorbereitung auf die neue Breite

Damit zwei der neuen Stadtbahnen aneinander vorbei passen, müssen die Gleise auseinander rücken. Die Wagenkästen der Neufahrzeuge sind 35 Zentimeter breiter als bisher gewohnt. 2021 wird die Trasse auf der Großenhainer Straße entsprechend ausgebaut. Mit großem Weitblick bereiten die Verantwortlichen das Streckennetz bereits seit den 1970er Jahren bei jedem Ausbauvorhaben auf neue Fahrzeuggenerationen vor.

Klimaanlage und USB-Station

Die neuen Stadtbahnwagen bieten nicht nur mehr räumlichen Komfort. Sie gewährleisten durch ihre Bauart mehr Barrierefreiheit, sind mit moderner Klimaanlage ausgestattet und bieten USB-Stationen zum Laden von mobilen Endgeräten. Luxuriös auch die Panoramascheiben, die gerade in jenen Linien, die die Elbbrücken überqueren, beim Blick auf die Elbwiesen oder die Architektur der Stadt für so manches Staunen sorgen dürften. »Nur eine Sache bleibt beim Alten«, sagt Holger Seifert: »die typische schwarz-gelbe Polsterung der Sitze. Das haben sich unsere Fahrgäste in einer Umfrage gewünscht.«

ABSTAND BITTE!

Die Corona-Pandemie erreicht Deutschland Anfang 2020. Sie stellt alle Dresdnerinnen und Dresdner vor zahlreiche Hürden. Auch die DVB. Der Betriebsalltag sieht im Unternehmen sowie in Bahn, Bus und Fähre seither nicht mehr aus wie zuvor. Die Pflicht zur Maske ist das eine – doch werden Fahrzeuge zu voll und die Einhaltung des Mindestabstands schwieriger, müssen die DVB reagieren. »Wir haben täglich ein Augenmerk darauf, wie sich die Fahrgastzahlen entwickeln und bessern, wenn möglich, durch zusätzliche Fahrten nach«, erklärt das Unternehmen in seinem Fahrgastmagazin.

Im April 2020 ist nicht viel los auf den Straßen und in der Bahn.

Der Lockdown in der Corona-Pandemie gibt der Digitalisierung und Flexibilisierung der Arbeitswelt neuen Schwung. Alle Mitarbeitenden, deren Aufgaben das ermöglichen, werden mit mobilen Geräten ausgestattet und zum Arbeiten nach Hause geschickt. Viele erleben eine schwere Zeit zwischen Homeoffice, Homeschooling und Quarantäne. Was bleibt, ist eine stark veränderte Arbeitswelt.

Homeoffice und Lockdown erreichen DVB

Doch auch die Strukturen und der Alltag im Betrieb selbst werden mit Kita- und Schulschließungen, Lockdowns und der Anordnung von mobilem Arbeiten stetig auf die Probe gestellt. »Von heute auf morgen fehlten Mitarbeiterinnen und Mitarbeiter, die die Betreuung ihrer Kinder absichern mussten, und zugleich leerten sich unsere Fahrzeuge«, erinnert sich Martin Gawalek, Centerleiter Verkehrsmanagement und Marketing.

Zwischen Bildschirm und Schiene

Florian Graier liebt Straßenbahnen und Züge. Schon immer. Als Kind baute er im Keller gemeinsam mit seinem Vater an der heimischen Modelleisenbahn. Doch bevor er sein Hobby zum Beruf macht, kommt erst einmal alles anders:

Nach der zehnten Klasse macht Florian Graier zunächst eine Ausbildung zum gestaltungstechnischen Assistenten. »Nach der Lehre habe ich als Grafiker gearbeitet und war mir nicht sicher, ob es das ist, was ich will«, sagt der heute 33-Jährige. Am Tag der offenen Tür 2013 im Betriebshof Gruna gibt er sich einen Ruck und bewirbt sich als Straßenbahnfahrer. Während der dreijährigen Ausbildung arbeiten die Lehrlinge in allen Bereichen der Verkehrsbetriebe und lernen das gesamte Unternehmen kennen. »Nach der Lehre kennt man einfach alle Kollegen und Kolleginnen. Wir sind wie in einer großen Familie.« Einige Jahre später meldet sich Florian Graier dann auf ein internes Stellengesuch für Grafiker und Grafikerinnen bei den DVB und bekommt die Stelle. Seitdem fühlt er sich in beiden Welten zu Hause. Ein typisches Beispiel für sogenannte Mischarbeiterinnen und Mischarbeiter – ein Konzept, das die DVB seit 2003 umsetzen. Mittlerweile haben über 100 Menschen mit zwei DVB-Jobs doppelt so viel Abwechslung.

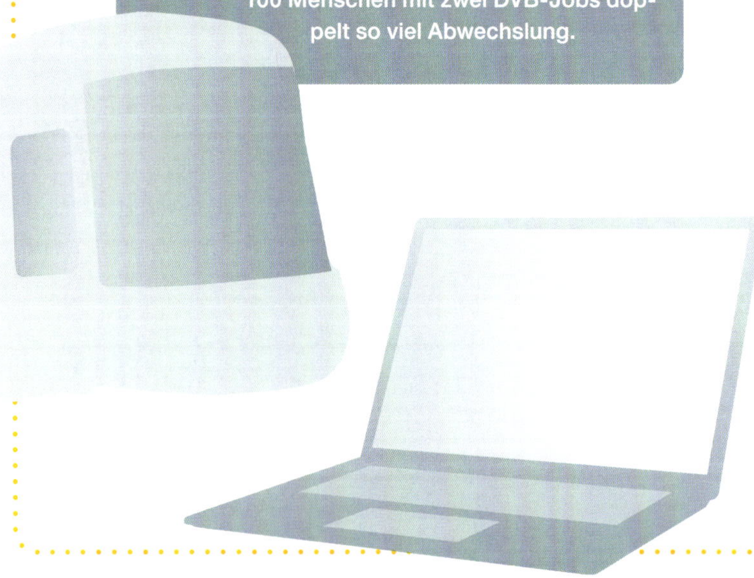

Beliebtheitssprung dank 9-Euro-Ticket

Nach den zeitweise leeren Bussen und Bahnen folgt bald das genaue Gegenteil: das 9-Euro-Ticket. Ein Verkaufsschlager, von dem die DVB bereits im ersten Monat der Aktion über 100 000 Tickets verkaufen. Für viele Menschen ist es der Einstieg in den ÖPNV, denn sie nutzen ihn das erste Mal. Eine echte Chance, die Neukunden und -kundinnen dauerhaft vom DVB-Angebot zu überzeugen. Der Kundenservice des Unternehmens läuft in dieser Phase auf Hochtouren. Doch der kurze Vorlauf der Aktion von nur sieben Wochen hat gezeigt, wie flexibel und effizient die DVB auf Veränderungen reagieren können. Die klaren Gewinner des 9-Euro-Tickets: das Klima und die Menschen der Stadt.

Weitere DVB-Meilensteine der letzten 30 Jahre

- 1991 ..... Wiedereröffnung der Schwebebahn nach siebenjähriger Rekonstruktion
- 1994 ..... Wiedereröffnung der Standseilbahn nach zweijähriger Rekonstruktion
- 1997 ..... Erste Haltestellenauskunft im Internet
- 2015 ..... Erster Elektrobus von Solaris
- 2018 ..... Eröffnung des ersten MOBIpunktes auf dem Pirnaischen Platz
- 2021 ..... Präsentation des ersten neuen Stadtbahnwagens auf dem Betriebshof Gorbitz
- 2022 ..... Betriebsbeginn für das erste On-demand-Angebot MOBIshuttle
- 2022 ..... Aufnahme des Linienbetriebs des ersten neuen Stadtbahnwagens vom Typ NGT DX DD

Radebeul
Niederwartha
…einböhla
Trachau
Wilder Mann
Trachenberge
Hellerau-Rähnitz
Kaditz
Cossebaude
Pieschen
Mickten
Übigau
Großes
Ostragehege
MESSE
Dresden
Neustadt
Albert-
platz
Elbe
Friedrichstadt
Leutewitz
Cotta
Ockerwitz
Omsewitz
Sachse
allee
Postplatz
Altstadt
Löbtau
Straßbur
Platz
Wölfnitz
Gorbitz
Pennrich
Wiener
Platz
Großer
Garten
Südvorstadt
Räcknitz
Pesterwitz
Dölzschen
Plauen
Zschertnitz
Coschütz
Kaitz
Leubnitz-Neuost
Freital-Hainsberg
Freital-Deuben

2022

mit Veränderungen seit 1950

Während einige Außenstrecken im Laufe der DDR-Jahre oder kurz danach unrentabel werden, kommen auch wieder neue hinzu. Bis heute folgen die Ausbauten dem Prinzip, dass neue Stadtviertel erst dann wirklich erblühen, wenn sie vom ÖPNV erschlossen sind. Nicht alle Blütenträume können dabei reifen.

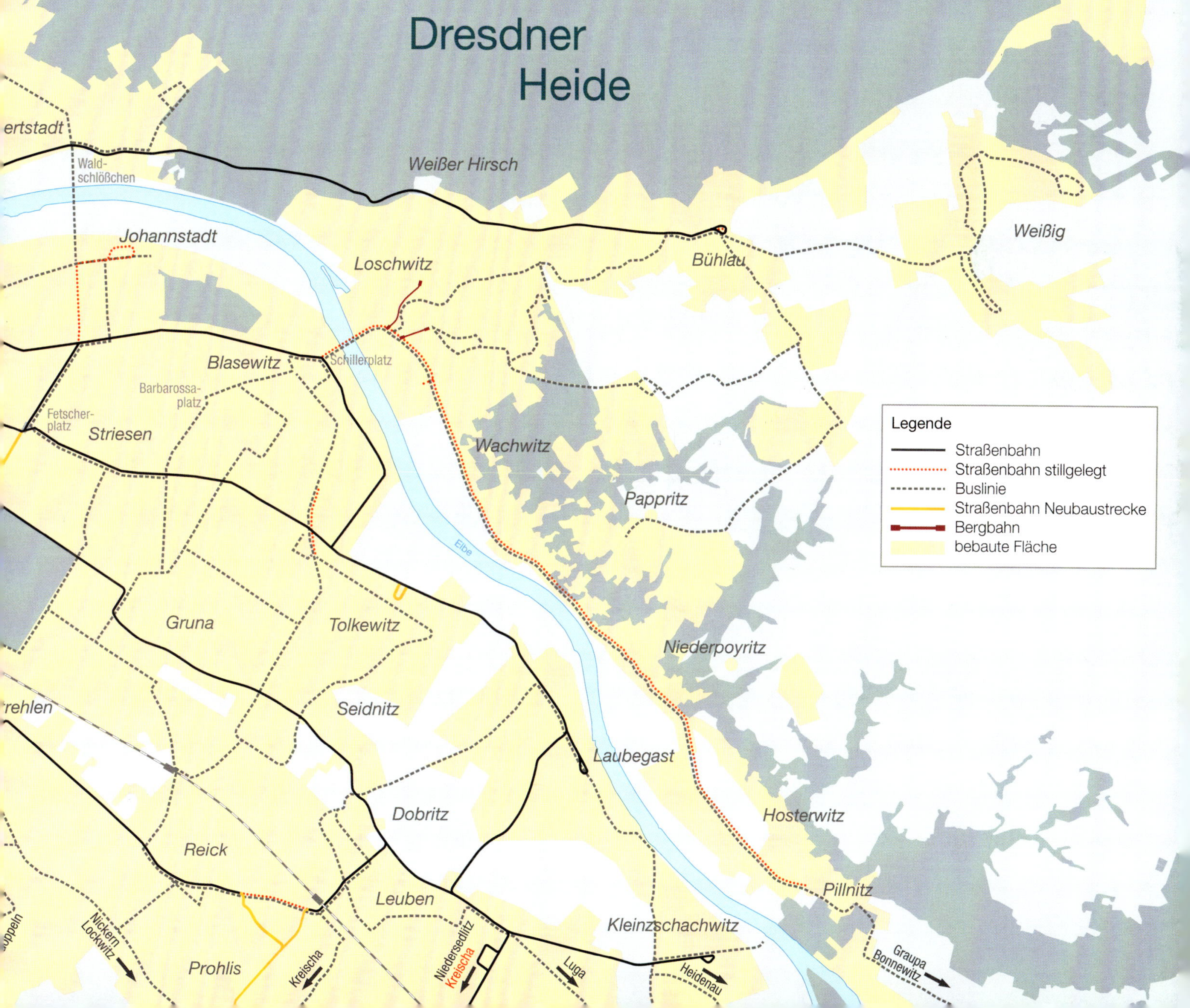

30
DVB
150 Jahre TRAM
ALSTOM
2903

Die Zukunft

FREIE FAHRT IN NEUE WELTEN

WAS BLEIBT? WAS KOMMT? EIN BLICK VORAUS

Dresden ist in Bewegung. Immer. Das gilt für die Vergangenheit, die Gegenwart und die Zukunft der Mobilität in Sachsens Hauptstadt. Damit diese Mobilität zukünftig nachhaltig, sicher und sozial ist, gibt es viel zu tun. Und dahinter stehen nicht einfach nur Veränderungen, sondern echte Herausforderungen.

Die DVB haben die Energie, die Ideen und das Know-how, diese Zukunft zu gestalten. Dabei wissen wir aus Erfahrung, dass man einen langen Atem und viel Leidenschaft braucht, wenn etwas richtig Gutes noch besser werden soll.

Aber noch wichtiger als Geduld und der richtige Plan ist das Vertrauen in unsere Mitarbeiter und Mitarbeiterinnen. Nur gemeinsam mit ihnen können wir in den nächsten Jahren die großen Herausforderungen unserer Zeit meistern. Sie sind es, die in Vergangenheit, Gegenwart und Zukunft die DVB zu dem machen, was sie sind: ein modernes Verkehrsunternehmen auf der Höhe der Zeit.

Was sind diese Herausforderungen nun genau? Wir möchten unsere Infrastruktur modernisieren und dabei über Knoten und Strecken neu

Eine Straßenbahn auf der Pfotenhauerstraße? Die gab es schon mal bis zum Ende des Zweiten Weltkrieges. Nach dem Willen der Verkehrsplaner soll die neue Linie 5 wieder hierherfahren.

nachdenken. Es braucht neue Fahrzeuge, um den Mobilitätsbedarf in einem wachsenden Dresden und die Anforderungen an den Klimaschutz zu erfüllen. Betriebshöfe und Werkstätten müssen wir umbauen, um sie fit für solche neuen Fahrzeuge wie E-Busse und breitere Straßenbahnen zu machen. Wir möchten noch besser zeigen und beweisen, weshalb die DVB ein attraktiver Arbeitgeber sind. Und sozusagen »on top« kommt noch die Mobilitätswende, die ein ganz neues, vernetztes Denken erfordert.
Es gibt also jede Menge zu tun, damit unsere Kinder, Enkel und Enkelinnen sowie deren Kinder in einem lebenswerten Dresden wohnen können.

»Hi, ich arbeite bei den Dresdner Verkehrsbetrieben, fahre am liebsten Straßenbahn und Bus und finde, beides ist so wichtig wie noch nie. Und das Fahrrad auch! Und die Fähre! Und überhaupt … am Ende hat ja alles miteinander zu tun. Und da bin ich gespannt, wie das die DVB in Zukunft angehen werden.«

Mit der Tram zur Uni: Auf dem Zelleschen Weg wird seit den 1970er Jahren eine Trasse für die Straßenbahn freigehalten. Das Vorhaben »Campuslinie« steht ganz oben auf der Prioritätenliste für neue Stadtbahnstrecken, denn sie wird dringend als Ersatz für die überlastete Buslinie 61 gebraucht.

Bis in die 1970er Jahre rumpelte die alte »Glocke« über Plauen nach Freital. Zukünftig soll Dresdens Südwesten mit der neuen Linie 5 viel schneller über die Chemnitzer Straße erreichbar sein.

Deshalb werden wir auch zukünftig die Mobilitätsbedürfnisse der Menschen in ihrer jeweiligen Lebenssituation erfüllen und gleichzeitig die Interessen aller Beteiligten berücksichtigen. Damit das gelingt, setzen wir auf unsere engagierten Mitarbeiterinnen und Mitarbeiter, ein durchdachtes Mobilitätsangebot, noch mehr Digitalisierung und auf neue Forschungsprojekte. Von der Stadt Dresden wünschen wir uns beschleunigte Planungsverfahren und das Versprechen, in Zukunft dem Fußverkehr, ÖPNV, Fahrradverkehr und Sharing-Angeboten den Vorrang zu geben. So kann eine nachhaltige, sichere und energieeffiziente Mobilität in einem bewegten Dresden gelingen. Das ist unser Plan für morgen. Begleiten Sie uns dabei!

Alle Neubauten der DVB werden zukünftig wie hier in Gruna mit Photovoltaikanlagen ausgerüstet. Bei Bestandshallen wird dies geprüft.

»Das klingt interessant. Ich bin gespannt, was meine Verkehrsbetriebe genau tun wollen, um das zu schaffen. Steckt da denn eine Strategie dahinter?«

MODERNE MOBILITÄT FÜR DRESDEN

Die DVB sind als kommunales Unternehmen *der* Mobilitätsdienstleister für Dresden. Ihre Vision: »Wir bieten den Menschen die Mobilität, die sie brauchen.« Die folgenden vier Bereiche zählen zu insgesamt zehn Grundausrichtungen, die beschreiben, wie die DVB diese Vision umsetzen wollen.

»Bei den DVB habe ich immer das Gefühl, was Richtiges und Wichtiges zu tun. Ich mache die Menschen mobil. Herrlich. Da will ich natürlich wissen, was meine Verkehrsbetriebe in Zukunft vorhaben.«

Baubürgermeister und Aufsichtsratsvorsitzender Stephan Kühn (rechts) stellt sich gemeinsam mit den Vorständen Andreas Hemmersbach und Lars Seiffert (von links) den Fragen der DVB-Führungskräfte beim Zukunftsdialog.

Attraktiver Arbeitgeber

Die DVB brauchen großartige Mitarbeiterinnen und Mitarbeiter, so wie Dresden die DVB braucht. Dafür bieten sie zukünftig noch mehr – zum Beispiel flexible Arbeitszeitmodelle für eine ausgeglichene Work-Life-Balance, eine attraktivere Bezahlung, zusätzliche Sozialleistungen und ein betriebliches Gesundheitsmanagement.

Gemeinsam mit dem Verkehrsmuseum Dresden beteiligen sich die DVB an öffentlichen Dialogveranstaltungen zur Zukunft des städtischen Verkehrs wie hier beim »Forum Mobilität«.

Marktanteil steigern

In Zukunft soll für 30 Prozent aller in Dresden zurückgelegten Wege der ÖPNV genutzt werden. Für eine klimafreundliche und stadtverträgliche Mobilität planen die DVB daher neue Strecken und ein dichteres Netz. Neue Modelle wie der On-Demand-Verkehr erweitern das Angebot.

Nachhaltig in allen Prozessen

Die großen Themen der nächsten Jahre sind: Energieeffizienz des Fahrbetriebs, ökologische und soziale Umgestaltung aller Objekte und eine elektrische Busflotte. Dafür haben die DVB schon bis heute einiges getan wie beispielsweise Rasengleise und begrünte Haltestellen, der ausschließliche Einsatz von Ökostrom und vieles mehr. Doch es gilt, im Bereich Nachhaltigkeit immer noch besser zu werden.

Von der Leichtigkeit, mobil zu sein

Ticketautomaten und analoge Fahrpläne gehören bald der Vergangenheit an. In Zukunft gilt: Alles auf einer Plattform – digital sowie bargeld- und papierlos. Verspätungen und Ausfälle werden in Echtzeit übertragen. Motto der DVB: »Fahr doch, was du willst!«

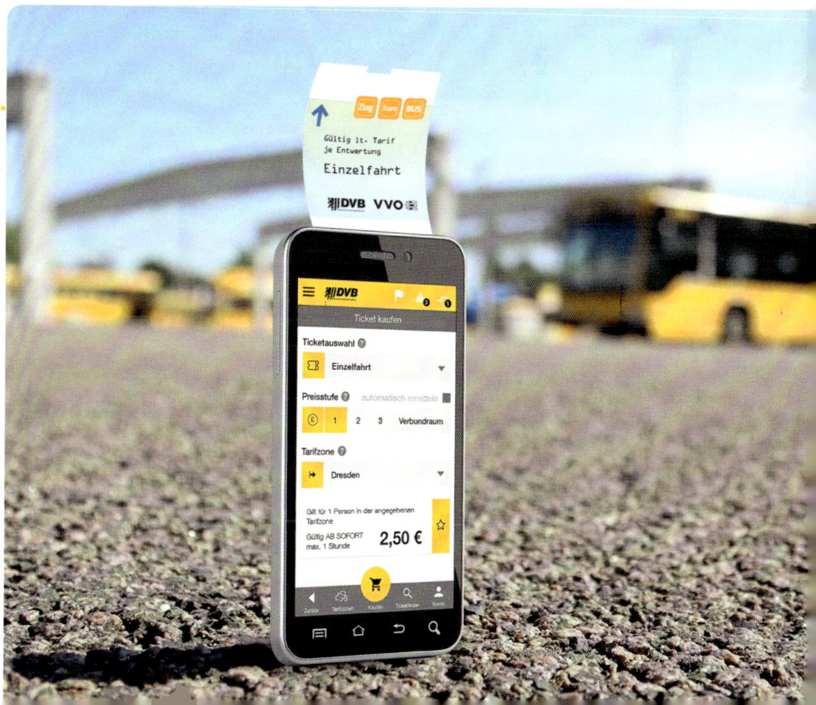

»Eine Strategie ist immer gut. Und dahinter stehen im Aufsichtsrat der DVB Vertreter und Vertreterinnen des Stadtrats, der Arbeitnehmerinnen und Arbeitnehmer sowie der Baubürgermeister von Dresden. Spannend wird's aber erst, wenn aus der Strategie richtig sinnvolle Maßnahmen entstehen.«

MENSCHEN BRAUCHEN MOBILITÄT

Dresden noch mobiler machen. Kann das gehen? Welche Produkte entwickeln die DVB dafür? Was tun sie, um die Mobilitätswende in Dresden voranzubringen? Wo immer der Fahrgast in und um Dresden gerade ist: zehn Minuten und die DVB sind da. Ist das realistisch?

Alles auf die Schiene

Auf ehemaligen Straßenbahnstrecken können heutige Buslinien wie die Linien 61 und 62 dem Ansturm nicht standhalten. Außerdem verlangt die moderne, lebendige Stadt nach einem Straßenbahnnetz der Zukunft, in dem Hotspots wie die TU Dresden berücksichtigt werden. Dafür braucht es neue und die Verlängerung bestehender Strecken.

Busse ergänzen das Angebot

Busse sind im Liniennetz der DVB eine flexible Ergänzung. Ein Bus fließt im Verkehr mit, kann Baustellen umfahren und außerplanmäßige Haltestellen bedienen. Bei den DVB sind Busse ohne Umweg über das Stadtzentrum unterwegs. Sie verbinden Industriezentren und Gewerbeparks oder Städte und Gemeinden im Umland mit der Landeshauptstadt. Sie entlasten damit den Verkehr auf den Straßen und geben Pendelnden Gelegenheit, schnell und bequem an ihren Arbeitsplatz zu kommen. In den kommenden Jahren gilt es vor allem, die Busnetze Nord-Ost und Süd-West weiter auszubauen.

Neue Netzplanungen: Durch die Wiedererschließung der Johannstadt mit der Straßenbahn können die Menschen auch rund um die Pfotenhauerstraße mehr Lebensqualität gewinnen (Visualisierung oben). Für den Südwesten der Stadt wird zudem über neue Buslinien nachgedacht (Grafik unten).

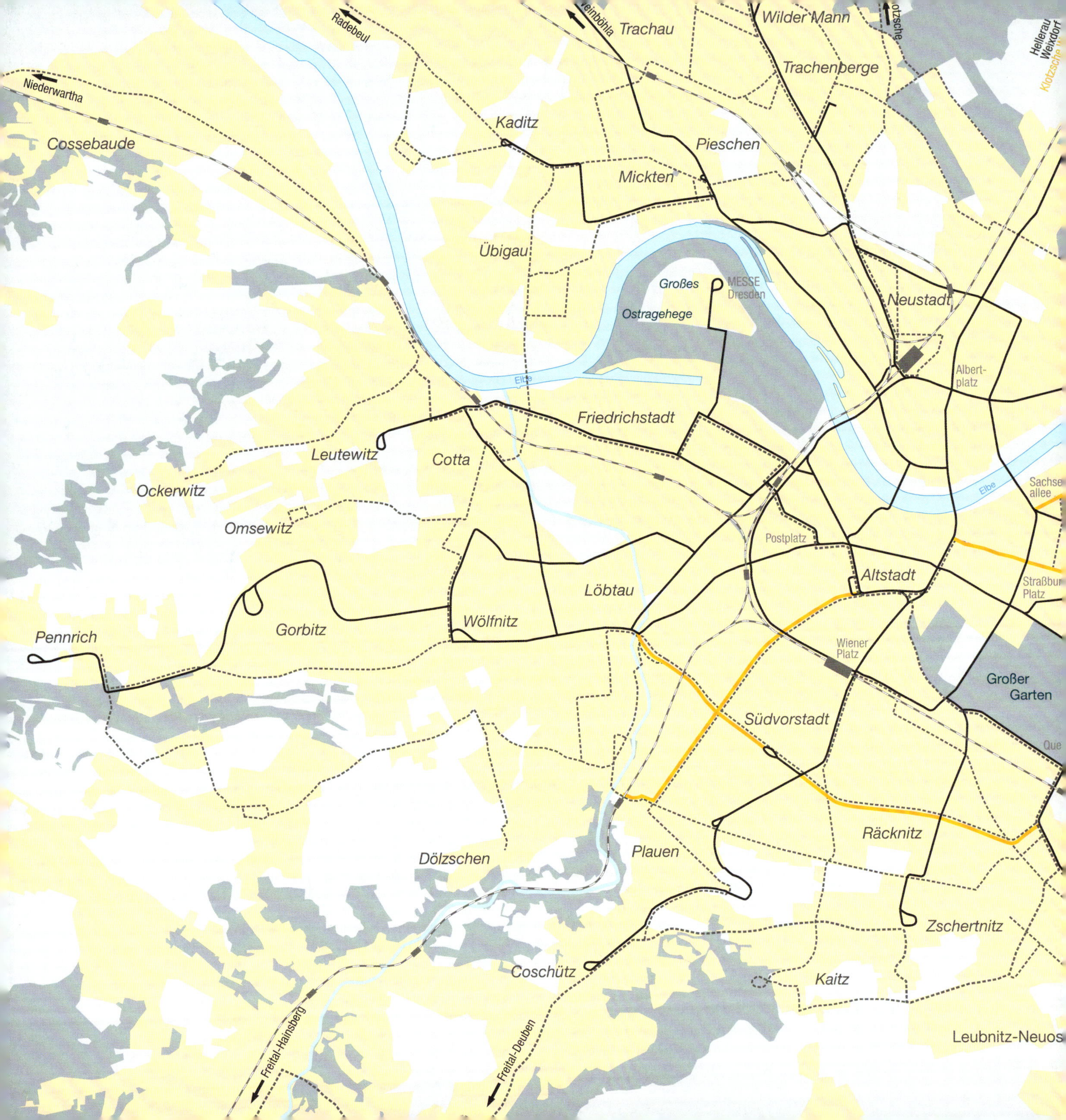

Radebeul
Weinböhla
Trachau
Wilder Mann
Moritzburg
Hellerau Weixdorf
Klotzsche
Niederwartha
Trachenberge
Kaditz
Cossebaude
Pieschen
Mickten
Übigau
Großes Ostragehege
MESSE Dresden
Neustadt
Elbe
Albertplatz
Friedrichstadt
Leutewitz
Cotta
Ockerwitz
Omsewitz
Sachsenallee
Postplatz
Altstadt
Löbtau
Straßburger Platz
Gorbitz
Wölfnitz
Pennrich
Wiener Platz
Großer Garten
Südvorstadt
Räcknitz
Plauen
Dölzschen
Zschertnitz
Coschütz
Kaitz
Leubnitz-Neuostra
Freital-Hainsberg
Freital-Deuben

Zukunftsnetz

Im Netz der Zukunft ersetzen neue Straßenbahnverbindungen heutige Buslinien, die über ihre Kapazitätsgrenzen hinaus genutzt werden.

KÖNIGSBRÜCKER STRASSE: 50 JAHRE DISKUTIEREN UND REPARIEREN

Während anderswo längst um neue Strecken gerungen wird, kann schon mancher Ausbau ein ganzes Arbeitsleben dauern. Roland Ende leitet seit vielen Jahren den Instandhaltungsbereich Gleisanlagen bei den DVB. Eine der Daueraufgaben für ihn und seine Mannschaft: die maroden Gleise auf der Königsbrücker Straße in Schuss halten. Schon sein ganzes Arbeitsleben lang hofft der Bauingenieur auf einen grundhaften Ausbau.

Bereits im Generalverkehrsplan aus dem Jahr 1967 wird die Königsbrücker Straße als wichtige Verbindung in das nördliche Siedlungs- und Industriegebiet bezeichnet. Die Probleme mit zähflüssigem Verkehr und ständigem Rückstau dürften ähnlich alt sein. Die vielbefahrenen Gleise verschleißen schnell und müssen oft repariert werden. Roland Ende kann sich noch gut an den schlechten Gleiszustand in den 1970er und 1980er Jahren erinnern. In der Verkehrskonzeption der Stadt Dresden von 1987 gibt man zu, dass »eine grundlegende Verbesserung [...] nur mit einem umfangreichen Ausbau zwischen Dr.-Kurt-Fischer-Platz [heute Olbrichtplatz] und Platz der Einheit [heute Albertplatz] möglich [wäre]«.

Aber: »Seit etwa 30 Jahren reparieren wir eigentlich immer nur am Bestand herum«, erklärt der Gleis-Fachmann. 1981 begleitet er den Praxistest eines neuen Verfahrens auf dem Abschnitt zwischen der Schauburg und dem Olbrichtplatz. Dabei werden vorgefertigte Gleisjoche von 12,5 Metern Länge mittels Autodrehkran in die vorbereiteten Gleisbetten gehoben. »Wir haben dort gute Arbeit geleistet, denn es hat vergleichsweise lange gehalten«, so Roland Ende. Aber nichts ist für die Ewigkeit.

Nach jahrzehntelanger Vernachlässigung sind Straßenschäden und stockender Verkehr auf der Königsbrücker Straße an der Tagesordnung. Auf der wichtigsten Verbindung in den Dresdner Norden kommt die Straßenbahn deswegen seit langer Zeit nicht gut voran.

In den letzten 20 Jahren mussten etwa eine Million Euro in Reparaturleistungen gesteckt werden, vor allem zwischen Albertplatz und Olbrichtplatz und »immer in der Hoffnung, dass der grundhafte Ausbau bald beginnt«. Seit der DDR-Zeit über die 1990er Jahre bis heute wurden 30 bis 40 Planungsvarianten für die untere Königsbrücker Straße erarbeitet. Das Vorhaben hat bisher unzählige Stadträte beschäftigt. Allein bei der DVB wirkten ebenso viele Kolleginnen und Kollegen mit, darunter inzwischen drei Generationen von Betriebsdirektoren und Vorständen. Und eben Roland Ende.

Aktuell steht das hoffentlich letzte Planungsverfahren vor der Genehmigung. Wird es diesmal gelingen? »Ich wünsche mir vor allem, dass die Straßenbahn diese wichtige Verkehrsachse flüssig passieren kann, damit die Menschen aus dem Norden endlich schneller in die Innenstadt kommen«, so Roland Ende.

Erfolgreiche Verkehrspolitik funktioniert nur gemeinsam

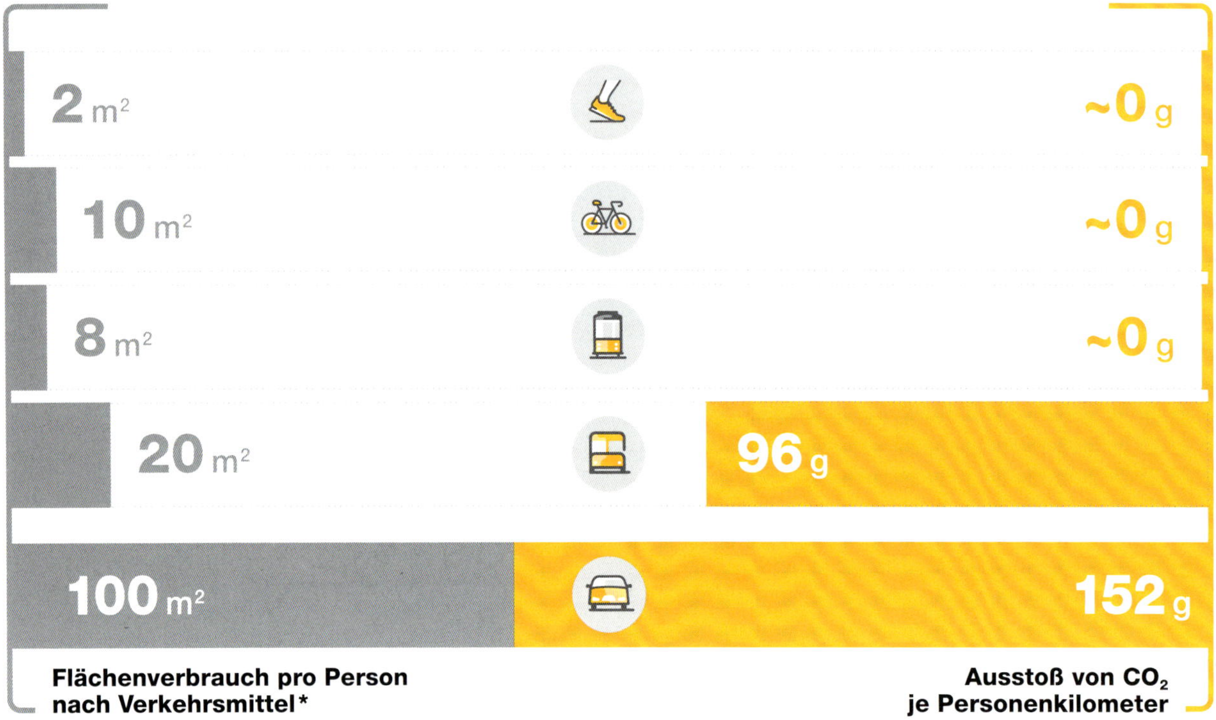

*Alle Verkehrsmittel beanspruchen einen bestimmten Anteil der Straßenfläche. Mittels Spurbreite, Durchschnittsgeschwindigkeit und Anzahl der Passagiere pro Stunde kann der mittlere Flächenverbrauch eines Verkehrsmittels pro beförderter Person abgeschätzt werden.

Der Flächenverbrauch und der CO_2-Ausstoß sind die vorrangig betrachteten Kriterien im öffentlichen Diskurs über Verkehrsträger.

Quellen CO_2-Ausstoß:
Straßenbahn und Bus: DVB 2021
Pkw: Umweltbundesamt 2020 (https://www.umweltbundesamt.de/themen/verkehr-laerm/emissionsdaten#verkehrsmittelvergleich)

Quelle Flächenverbrauch:
Stadt Zürich, Tiefbauamt: Mobilität + Verkehr, 2012

»Wow, ich hätte nicht gedacht, dass das Auto einen so großen ökologischen Fußabdruck hat. Wenn ich das sehe, fahre ich ja noch dreimal lieber mit der Straßenbahn. Die fährt nämlich seit 2021 mit Ökostrom.«

»Schon interessant, wie sich das Selbstverständnis der DVB über die Jahrzehnte gewandelt hat. Vom Kutscher zum Alleskönner – da haben wir in der Zukunft wirklich einiges vor der Brust.«

Wo die Reise hingeht

»Wo die DVB in 20 Jahren stehen? Sie werden ein überzeugender Mobilitätsdienstleister für Dresden sein – mit einer großen Produktpalette, einer abgesicherten Finanzierung über Jahre hinweg und der Garantie, dass für die Mobilitätsangebote sowohl Personal als auch Material zur Verfügung stehen. Sie werden noch enger mit der Stadt Dresden zusammenarbeiten, um die Mobilitätswende und die bis dahin erreichten Klimaziele zu sichern. Das braucht Zeit, Geduld, Geld und Weitsicht in der operativen Umsetzung.«

Kathrin Boden
Leiterin Unternehmensentwicklung der DVB

MOBILITÄT, DIE PASST

Maßgeschneiderte Mobilität für alle! Klingt gut – doch was bedeutet das? Die DVB gestalten diese Entwicklung aktiv mit. Für ein lebenswertes Dresden der Zukunft.

In der jüngsten Vergangenheit haben wir bereits zahlreiche Voraussetzungen dafür geschaffen, in näherer Zukunft klimaneutral und multimodal mobil zu sein. Schlagwörter wie Elektromobilität, Car- oder Bikesharing und Digitalisierung sind bereits gelebte Realität. Dabei steht es außer Frage, dass wir in den nächsten zehn Jahren die Zahl privater Automobile deutlich reduzieren müssen, um weniger Ressourcen zu verbrauchen und die vorhandene Infrastruktur effektiver nutzen zu können. Das entlastet die stetig wachsenden Städte und bringt uns eine individuelle und automatisierte Mobilität, die zu den Bedürfnissen der Menschen in Dresden passt.

Mobilitätswende für klimagerechte Mobilität in Dresden

Die DVB setzen sich für eine lebenswerte Stadt für alle Dresdner und Dresdnerinnen ein. »Dafür brauchen wir allerdings neue Mobilitätskonzepte, die ganz flexibel modulare Systeme integrieren und dadurch den öffentlichen Personennahverkehr für alle zugänglich machen.

»Ich bin ganz neugierig, wie wir in Dresden in Zukunft unterwegs sein werden. Mein Nachbar ist auf jeden Fall noch skeptisch. Obwohl … letztens hab' ich ihn in der Bahn getroffen. Er wollte zum Dixieland und weiß ja, dass er dort keinen Parkplatz findet. «

Zugleich möchten die DVB den Vorrang des ÖPNV gegenüber dem Autoverkehr in der Stadt stärken. Das bedeutet Vorfahrt für Bus und Bahn im gesamten Stadtgebiet durch intelligente Verkehrssteuerung, weniger Parkplätze und erhöhte Parkgebühren.

Die MOBIfamilie der DVB vereint nicht nur die beliebten Fahrräder, sondern auch Autos für Fahrten ohne ÖPNV-Anbindung.

Barrierefrei, familiengerecht und klimaschonend«, betont Hannes Lieberoth, Gruppenleiter Verkehrsplanung der DVB. In den letzten 20 Jahren ist die Bevölkerung der Stadt um circa zehn Prozent auf 561 000 (Stand 2022) gewachsen. Im gleichen Zeitraum stieg die Anzahl der Fahrgäste um 17 Prozent auf 164 Millionen Fahrten im Jahr 2019. Im Jahr 2022 erreichten die DVB bei der Auslastung rund 114 Prozent der Fahrgastzahlen vor der Pandemie. Diese Zahlen werden weiter steigen – und die DVB werden entsprechend handeln.

Das Angebot des neuen MOBIshuttles existiert als Modellprojekt seit Sommer 2022 im Dresdner Norden. Hat es Erfolg, soll es auch auf andere Stadtteile ausgedehnt werden.

Kraftanstrengung Mobilitätswende

Dafür werden die DVB konkrete Maßnahmen umsetzen. »Wir setzen auf den Ausbau des Straßenbahn- und Busnetzes, erhöhen mit intelligenten Verkehrslösungen die Reisegeschwindigkeit und machen unser Angebot noch pünktlicher und verlässlicher«, erklärt Hannes Lieberoth. »Neue Mobilitätsangebote wie Car- oder Bikesharing und On-Demand-Verkehr werden wir in den kommenden Jahren noch stärker integrieren.« Für neue Busse und Bahnen sowie den Aus- und Neubau der Strecken rechnen die DVB bis 2030 mit einem Investitionsbedarf von mindestens 500 Millionen Euro.

»Clean vehicles« für eine umweltfreundliche Flotte

Eine neue Generation Stadtbahnwagen des Unternehmens Alstom geht im Herbst 2022 in den Linieneinsatz und wird je nach Bedarf Schritt für Schritt den veralteten Fahrzeugbestand ergänzen oder ersetzen. Die neuen Fahrzeuge sind deutlich breiter, moderner ausgestattet und energieeffizienter. Und auch die Busflotte der DVB wächst ständig mit – übrigens umweltfreundlich. Bis 2023 schaffen die Verkehrsbetriebe 74 Diesel- und 20 Elektrobusse neu an und werden den Euro-VI-Abgasstandard zu 100 Prozent erfüllen.

»Finde ich gut, dass die DVB dem Mobilitätspaket einen MOBI-Namen geben. Dann versteht man: In Dresdens Verkehr der Zukunft hat alles mit allem zu tun.«

MOBIshuttle – Mobilität auf Abruf

ÖPNV auf Abruf und so, wie ich es will – gibt es das? Ja, gibt es. Bei den DVB nennen sie es MOBIshuttle. Zwischen 2022 und 2024 testen die DVB das On-Demand-Angebot in den Stadtteilen Neustadt, Pieschen und Klotzsche. Fahrgäste buchen über die MOBIshuttle-App. Es gibt keinen festen Fahrplan. Wer ein Shuttle braucht, fordert es an und der Algorithmus der App stellt eine eigene Route mit individuellen Haltepunkten zusammen. MOBIshuttle ist ein Teil des MOBI-Services der DVB, das außerdem die Bike- und Carsharing-Angebote MOBIbike und MOBIcar beinhaltet.

Der Mix macht's

»Ich wünsche mir für die Zukunft, dass umweltfreundliche Verkehrsmittel wie Rad- und Fußverkehr und ÖPNV Vorrang vor dem Auto bekommen. So könnten wir Stadträume entwickeln, die lebenswerter sind und die Herausforderungen des Klimawandels in den Städten erträglich machen.

Wie ich den Verkehr in Dresden 2040 skizzieren würde? Nun, ich sehe Straßenbahnen. Diese haben größere Haltestellenabstände und sind schneller unterwegs. Die Menschen werden viel mehr mit dem Fahrrad unterwegs sein. Ich sehe auch elektrische, eventuell autonom fahrende Shuttle-Fahrzeuge, die als Zubringer des leistungsfähigen Straßenbahnnetzes dienen. So wird ein Mix aus öffentlicher Mobilität entstehen. Das private Auto wird in der Stadt der Zukunft aus dem öffentlichen Raum verschwinden, weil es einfach nicht mehr notwendig ist.«

Hannes Lieberoth, Leiter der Verkehrsplanung der DVB (auf dem Bild mit Camilla Seidenzahl, Projektleiterin MOBIshuttle)

Die neuen vollelektrischen Busse der Daimlertochter EvoBus sind bereits auf zwei Linien im Dresdner Streckennetz unterwegs. Künftig sollen es noch mehr werden.

»Wenn in meiner Straße irgendwann keine Autos mehr stehen, kann ich mir auf den alten Parkflächen ein Hochbeet bauen. Das klingt gut. Ich bin gespannt, was die Wissenschaft zur Verkehrsentwicklung zu sagen hat.«

»BINDUNG AN EIN FAHRZEUG NICHT MEHR ZEITGEMÄSS«

Professor Dr. Andreas Knie ist Leiter der Forschungsgruppe Digitale Mobilität und gesellschaftliche Differenzierung und Professor für Soziologie an der TU Berlin. Seit Jahrzehnten beschäftigt er sich mit neuen Mobilitätskonzepten und deren Anwendbarkeit im Alltag. Ein Gespräch über Chancen und Herausforderungen des Verkehrs in der Zukunft.

Fahrrad in der Stadt, Carsharing, Straßenbahnen mit Akkubetrieb: Wer sich über sogenannte neue Mobilitätskonzepte informiert, stellt fest, dass die gar nicht so neu sind. Oder wie sehen Sie das?

Vieles, was wir bei neuen Mobilitätskonzepten diskutieren, haben wir tatsächlich schon in den 1990ern besprochen. Neu ist jedoch alles, was mit digitalen Medien zu tun hat. Heute gibt es eine Zweiteilung: Über die vorhandene Hardware wie Autos, Fahrräder oder Busse schiebt sich eine neue Schicht – die Software.

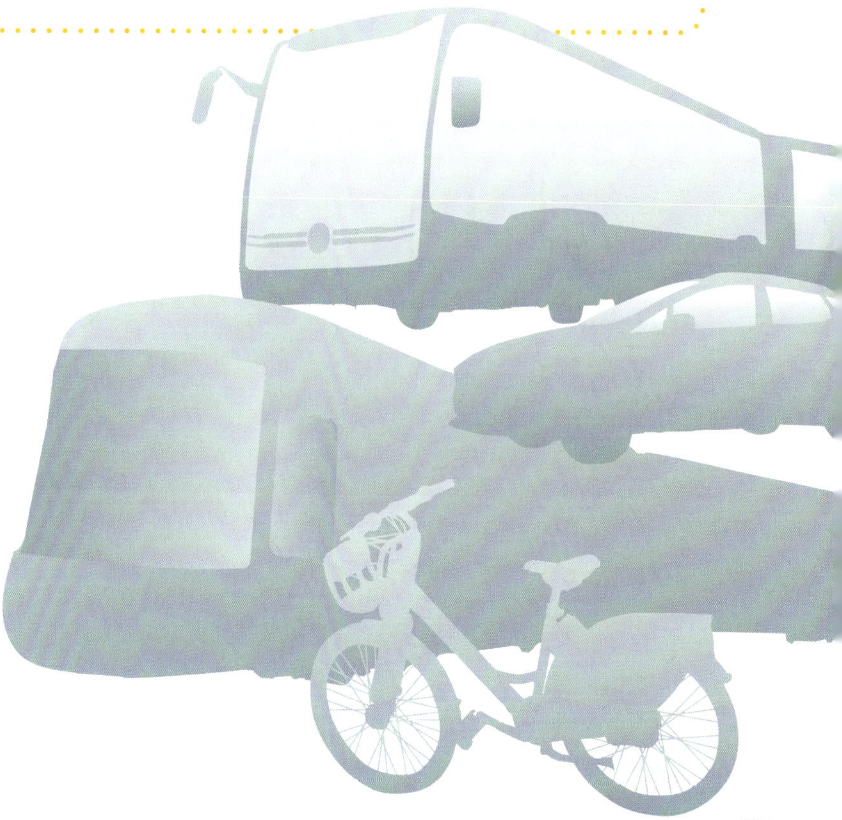

Manche kennen das eventuell von sich selbst. Man bucht sich eine Mitfahrgelegenheit, und in der Zielstadt geht es dann mit einem geliehenen Rad weiter, das man sich über eine App reserviert hat ...

Genau. Der nächste Schritt ist: Man muss gar nichts mehr buchen. Man checkt morgens einfach nur noch mit seinem Smartphone ein. Ich kann mich einfach in den Bus oder die Straßenbahn setzen und losfahren. Wenn der Kontrolleur oder die Kontrolleurin kommt, scannt er oder sie den QR-Code und weiß, dass man eingecheckt ist.

Was bedeutet das aus Ihrer Sicht?

Das bringt ein hohes Maß an individueller Freiheit und mehr Effizienz im Verkehr. Man braucht viel weniger Geräte wie den Ticketautomaten. Außerdem lassen sich die Verkehrsmittel bequem miteinander kombinieren: An der Endhaltestelle der Straßenbahn leiht man sich ein Fahrrad, um den Weg fortzusetzen. Ich brauche kein eigenes Auto mehr, entkopple also Eigentum und Mobilität voneinander. Eine ganz neue Flexibilität.

Ein weiterer wichtiger Punkt sind Antriebstechnologien, allem voran elektrische Antriebe und Wasserstoff. Welche der beiden Technologien wird den Verkehr der Zukunft bestimmen?

Das ist eine typisch deutsche Entweder-oder-Diskussion. Beide Technologien sind wichtig! E-Fahrzeuge sind für den Nahraum eine gute Option, wasserstoffbetriebene Fahrzeuge sind für lange Distanzen geeignet. Allerdings muss Wasserstoff erzeugt werden. Damit das nachhaltig geschieht, braucht es noch mehr regenerative Energien.

Beim Thema der neuen Mobilitätskonzepte ist auch von Seilbahnen und Gondelsystemen als Alternative im Stadtverkehr die Rede. Was halten Sie davon?

Das ist Schwachsinn. Seilbahnen sind für kurze Strecken mit großen Höhenunterschieden konzipiert. Und was die Gondeln betrifft: Finden Sie mal Gebiete in der Stadt, um dort Bahnen zu bauen. Die möchte dann nämlich auch kein Mieter und keine Mieterin über sich haben.

Worin sehen Sie generell die größten Herausforderungen?

Wir haben eine hohe Dominanz des Autos. Doch dieses Auto muss raus aus dem öffentlichen Raum. Der Raum muss freier gestaltet werden, insbesondere für Arme, Alte und Menschen ohne Auto. Das muss man allerdings sehr schlau, geschickt und gut kommunizieren.

Was beschäftigt Sie als Wissenschaftler momentan besonders?

Tatsächlich das Thema Auto und die Fragestellung, wie wir den Verkehr neu organisieren. Die Privilegierung des Autos ist ein dickes Brett, das wir zu bohren haben.

Was ist der beste Weg, um die Mobilitätswende zu erreichen?

Wir müssen das Eigentum von der Nutzung lösen. Dann können wir die Verkehrsmittel besser miteinander kombinieren für mehr Freiheit und einen geringeren Ressourcenbedarf. Auch die Verkehrsverringerung ist ein wichtiger Punkt. Müssen wir jede Woche dreimal zur Arbeit fahren? Dieses Bewusstsein verändert sich gerade.

Ladestation für die Gelenk-Elektrobusse der Linie 68 am Endpunkt Leubnitzer Höhe.

»Klar, bei der Verkehrswende müssen die DVB auch bei der Ausbildung ihrer Fachkräfte vorn mitspielen. Sarah zum Beispiel ist Mobilitätsmanagerin. Davon habe ich noch nie gehört. Aber sie erzählt uns sicher etwas zu ihrem Beruf.«

Mobilitätsmanagerin – alles tun für einen modernen ÖPNV

Stellen wir uns vor, in Zukunft gibt es bald eine Sarah. Sarah ist 28 Jahre alt. Nach ihrem Bachelor der Verkehrswirtschaft an der TU Dresden hat sie letztes Jahr erfolgreich ihren Master Mobilitätsmanagement an der RWTH Aachen gemacht. Ihr Thema: die Mobilität der Zukunft für eine nachhaltige Gesellschaft.

Ein Mobilitätsdienstleister der Zukunft hat ganz schön viel auf dem Tisch: Er muss das eigene Angebot attraktiv und zeitgemäß halten, den Bestand an Schienen, Fahrzeugen und Gebäuden in Schuss halten und mehr denn je andere Verkehrsmittel clever einbinden. Dafür wird es in Zukunft Mobilitätsmanager und -managerinnen wie Sarah brauchen. »Als Mobilitätsmanagerin der DVB versuche ich, Wege zu finden, in allen Bereichen nachhaltige und zuverlässige Mobilitätsformen zu etablieren. Die Klimaziele können wir dabei nur erreichen, wenn wir dem ÖPNV Vorrang geben und auf das eigene Auto verzichten.«

Was theoretisch klingt, ist ein sehr praxisnaher Job. Sarah berät große Kunden und Kundinnen wie Veranstalter und Veranstalterinnen, Handel, Gewerbe oder Industrie zu den Chancen und Stärken der modernen Mobilität für deren Unternehmen. Daneben sucht sie immer neue Ansatzpunkte, wie Menschen komfortabel vom Pkw auf nachhaltige, vernetzte Mobilitätsangebote umsteigen könnten. »Wenn wegen uns irgendwann Tiefgaragen und Parkhäuser geschlossen werden, weil sie keiner mehr braucht, haben wir viel erreicht«, lacht sie. »Mein Ziel ist es, viele Menschen für den öffentlichen Nahverkehr zu begeistern – und sicherzustellen, dass dieses Angebot auch funktioniert und für alle erschwinglich bleibt.«

Achtung – heiß!

Der Klimawandel bringt extrem trockene und heiße Sommer nach Dresden. Darunter leidet die Natur genauso wie die Infrastruktur. Im Juli 2022 beispielsweise entgleist eine Straßenbahn, weil sich die Schienen in der Hitze verformen. Die DVB testen, ob weiße Gleise das Sonnenlicht genug absorbieren, um derartige Unfälle in Zukunft zu verhindern. Außerdem setzen sie auf »grünen Hitzeschutz«. Bepflanzte Haltestellen und unbeschnittenes Gras zwischen Gleisen und Weichen sollen Mensch und Material schonen.

»Puh. Stimmt, die letzten Sommer waren sehr heiß und trocken. Gut, dass die DVB Haltestellen begrünen, um ihren Beitrag gegen die Hitze zu leisten. Aber vielleicht kann Sonja mir sagen, was wir alle tun können, um dem Klima unter die Arme zu greifen.«

MEINE VIER WÜNSCHE FÜR DEN ÖPNV DER ZUKUNFT

Sonja, 17 Jahre, ist Schülersprecherin an einem Dresdner Gymnasium und aktiv bei Fridays for Future dabei.

1. Klima schützen

Wir alle müssen uns dem Klimawandel als größter Bedrohung der Menschheit stellen. Klar, das klingt erstmal dramatisch, aber wir dürfen deswegen jetzt auch nicht in Angst erstarren. Wir können schließlich etwas tun – nämlich für Klimagerechtigkeit kämpfen. Denn wir in den Industrieländern haben als Hauptverursacher der CO2-Emissionen besondere Verantwortung für den Klimaschutz. Deshalb wünsche ich mir von Dresden, dass wir massiv auf klimafreundliche Verkehrsmittel setzen. Da spielt der ÖPNV für mich eine Hauptrolle.

2. Angebote ausbauen

Menschen nutzen Busse, Straßenbahnen oder flexible Sharingmodelle nur dann, wenn sie mit ihnen auch wirklich schnell und bequem an ihr Ziel kommen. Wir von Fridays for Future wünschen uns daher, dass in Dresden das Straßenbahnnetz, das Busangebot und Formen von Sharing weiter ausgebaut werden. Mir macht es einfach keinen Spaß, morgens auf dem Weg zur Schule und nachmittags auf dem Weg nach Hause in einem überfüllten Bus oder einer vollen Straßenbahn stehen zu müssen. Wenn das mit dem Netz und kürzeren Takten klappt, verzichten die Leute in Zukunft auch eher auf das eigene Auto.

3. Bezahlbare und flexible Tickets

Als Schülerin nutze ich ein günstiges Schülerticket. Wenn ich aber kein vergünstigtes Abo nutzen könnte und nicht so wahnsinnig viel Geld zur Verfügung hätte, dann wäre mir der ÖPNV vielleicht zu teuer. Ich weiß natürlich, dass die ganze Infrastruktur mit Bussen, Straßenbahnen, Technik und Verwaltung viel Geld kostet. Aber gerade deswegen wünsche ich mir, dass noch deutlich mehr Geld in den ÖPNV investiert wird, damit dessen Nutzung mit bezahlbaren und flexiblen Tickets auch für Menschen mit wenig Geld attraktiv ist.

4. Mehr Grün in der Stadt

Ich möchte mehr Grün und weniger Grau in Dresden sehen. Das heißt für mich ganz klar: weniger Straßen und Parkplätze, auf denen Autos fahren und stehen und damit das Klima weiter schädigen – und dafür mehr Straßenbahnen und mehr atmende Grünflächen, auf denen sich die Menschen wohlfühlen!

In Zukunft sollen mehr Haltestellen im Stadtgebiet begrünt werden. Sie sorgen dafür, dass sich der stark verdichtete Verkehrsraum nicht so sehr erhitzt. Die Visualisierung zeigt die Planungen für die Haltestelle Julius-Vahlteich-Straße in Wölfnitz.

DIE DVB FORSCHEN

Der urbane Verkehr der Zukunft steht vor vielen Herausforderungen – von Klimaschutz und Mobilitätswende bis hin zu mehr Flexibilität, mehr Effizienz, mehr Kompetenzen als Mobilitätsdienstleister. Deshalb engagieren sich die DVB in wichtigen Forschungsprojekten.

Klimaschutz plus hohe Mobilität sind die Kernziele der Mobilitätswende. Deshalb haben Fachleute aus der Stadtverwaltung und externe Spezialisten und Spezialistinnen einen Strategieplan entwickelt: den Dresdner Mobilitätsplan 2035+. Dieser Fahrplan in die Zukunft möchte den Verkehr in der Elbestadt sicherer, flexibler und bequemer gestalten. Ein wichtiger Teil davon sind Forschungskooperationen mit Hochschulen und Partnern, in denen zum Beispiel die Rolle künstlicher Intelligenz für effiziente, günstige und komfortable Verkehrsangebote betrachtet wird.

LRVTwin – die Straßenbahn bekommt einen digitalen Zwilling

Zuverlässigkeit und Sicherheit in Bahnen sind immens wichtig. Daher engagieren sich die DVB mit der TU Dresden im Projekt »Light Rail Vehicle Twin«. Hier möchten sie dank eines digitalen Zwillings einer Bahn schon frühzeitig erkennen, wann diese beispielsweise gewartet werden muss oder wo es Verzögerungen in der Taktung geben könnte. Dieser digitale Zwilling entsteht, indem Bahnen via Sensoren ihren Standort und Zustand in eine Cloud schicken, wo von ihnen ein »digitaler Zwilling« entsteht. Das Ergebnis: Wartungs- und Reparaturzeitpunkte werden frühzeitig gesetzt, bevor es zu gravierenden technischen Pannen kommt. Außerdem kommen die Bahnen pünktlich und die Fahrten verlaufen störungsfreier.

urbic – pünktlich mit Bus und Bahn

Im Projekt »Urban Traffic Control« (urbic) erforschen die DVB gemeinsam mit der TU Dresden und dem Straßen- und Tiefbauamt der Stadt Dresden eine intelligente Ampelsteuerung, die den Verkehr flüssiger gestalten und den Vorrang aller am Verkehr Teilnehmenden automatisch nach Priorität leiten kann. Fahrzeuge senden Daten an die Ampel. Wie lange muss die Bahn warten? Wie lange dauert es, bis sie die Ampel passiert hat, und wie hoch ist die Verlustzeit bis zur nächsten? Das System berechnet auf dieser Basis die ideale Ampelschaltung auf einer Strecke. Damit urbic in die Tat umgesetzt wird, braucht es nun noch einen politisch unterstützten, verkehrsrechtlichen Vorrang der Bahnen und Busse im Straßenverkehr.

»Yes! Immer grüne Welle.
So macht Bahnfahren Spaß.«

MuVe – multimodales Verkehrsmanagement der Landeshauptstadt Dresden

Multimodales Verkehrsmanagement wird also zukünftig den Verkehrsablauf des gesamten Systems verbessern. Dabei gilt es, präzise Informationen möglichst in Echtzeit weiterzugeben, um den Verkehr stadtverträglich und den ÖPNV-Betrieb qualitätsgerecht zu gestalten sowie Störungen intelligent und digital managen zu können.

Papier war gestern: Fahrerin Alice Groß (rechts) erhält von ihrer Teamleiterin Stephanie Pietzsch ihr persönliches Tablet mit allen Daten, die sie für ihre Arbeit braucht.

Das alles und noch viel mehr

Doch das ist noch nicht alles. Ab 2023 soll die Auslastung der Straßenbahnen in Echtzeit für jeden Fahrgast in der App einsehbar sein. Künstliche Intelligenz wird nach 2024 teilautomatisiert Störfälle und Fahrzeugauslastung steuern. Bis dahin werden die Fahrzeuge der DVB mit V2X-Technologien ausgestattet.

»Dafür bekommen meine Kollegen und Kolleginnen schon heute ein Tablet in die Fahrerkabine. Das funktioniert wie ein Mini-Betriebsleitsystem. Die können dann allen Fahrgästen bei Störungen genau sagen, wo der Hase im Pfeffer liegt.«

»V2X-Technik macht, dass sich zwei Fahrzeuge miteinander unterhalten können. Dann weiß zum Beispiel die eine Straßenbahn, wenn die andere vor ihr ein Problem hat, und sucht sich einen anderen Weg. Das hilft auch, Unfälle zu vermeiden.«

„Wir sind der Mobilitätsdienstleister für Dresden.“

QUO VADIS, DRESDEN?

Die weltweite Bevölkerung wächst. Und wächst und wächst und wächst. Zugleich wird der Kampf gegen den Klimawandel immer wichtiger. Der Verkehr der Zukunft muss diese beiden Herausforderungen gleichzeitig bewältigen. Insbesondere in schnell wachsenden Städten stehen die Verkehrsbetriebe also vor der Aufgabe, den ÖPNV und den Güterverkehr so zu gestalten, dass er nachhaltig, umweltschonend und effizient verläuft.

Hinzu kommt das gesteigerte Passagieraufkommen in Städten, in denen autofreie Zonen immer beliebter werden. Alternative Betriebskonzepte könnten helfen, indem sie verschiedene Methoden testen und miteinander kombinieren.

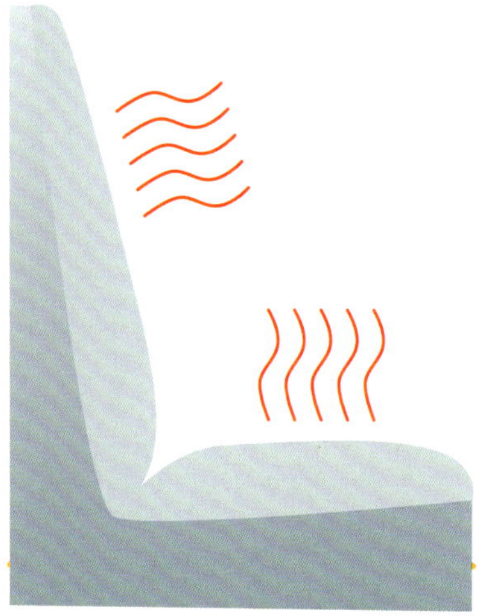

»Wenn ich dann per App auch noch die Massagefunktion meines Sitzes in der Bahn aktivieren könnte, wäre das die Krönung. Aber Spaß beiseite. Da tut sich einiges in der Materialentwicklung!«

Einsatz von ökologischen, intelligenten Materialien im ÖPNV

Die Forschung entwickelt Fahrzeuge permanent weiter. Besonders spannend sind dabei intelligente Kunststoffe: Sie sind höchst stabil, resistent gegen äußere Einflüsse und können je nach Wunsch optische, elektrische und thermische Fähigkeiten besitzen. Eine Heizung, die bereits im Bezug einer Sitzschale integriert ist? Kein Problem. Ein Sitz, der sensorisch registriert und signalisiert, wenn er vorsätzlich verschmutzt wird? Auch das könnte kommen.

Auch interessant: Produkte der Agrar- und Forstwirtschaft wie Chitosam, Cellulose oder Stärke könnten als Basis für neue Materialien in Bus und Bahn dienen.

Willkommen in Dresdens guter Stube! Baubürgermeister Stephan Kühn, Oberbürgermeister Dirk Hilbert, Staatssekretärin Ines Fröhlich, DVB-Vorstand Andreas Hemmersbach und Rüdiger Kappel von EvoBus (v.l.n.r.) feiern im August 2022 die Ankunft der neuen Elektrobusse auf dem Theaterplatz.

E-Busse – emissionsfrei und elektrisch unterwegs

Elektrisch betriebene Busse gehören schon zum Dresdner Stadtbild. Auf den Linien 68 und 81 fahren bereits die vollständig elektrisch betriebenen Busse, seit Frühjahr 2022 treffen die Fahrzeuge nach und nach bei den DVB ein. Im Betriebshof Gruna und den Endpunkten der jeweiligen Strecken werden die Busse geladen. Der Busverkehr der Zukunft könnte somit vollständig emissionsfrei und leise sein.

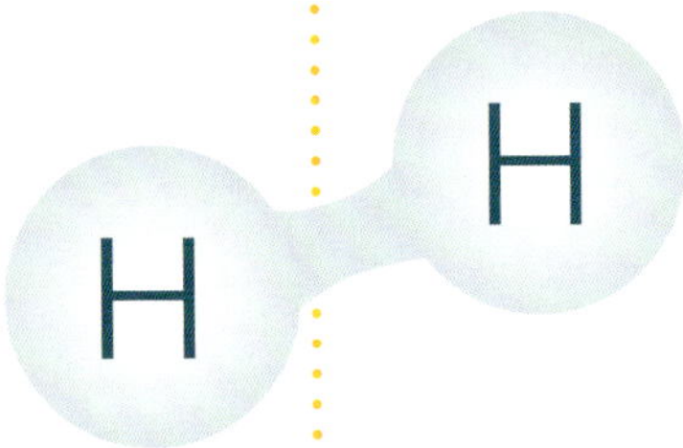

Wasserstoffstraßenbahnen – H2 auf der Schiene

Wasserstoffbetriebene Straßenbahnen sind CO2-neutral. Seit mehreren Jahren rollen bereits Wasserstoffzüge in Testphasen über die Schienen. Der erste Prototyp einer mit Wasserstoff-Brennstoffzellen betriebenen Straßenbahn wird bis 2025 erwartet. Perspektivisch werden Wasserstoffbahnen die bestehenden Bahnen zwar nicht komplett ersetzen, doch sie decken Gebiete ab, in denen Investitionen in neue Oberleitungen unattraktiv oder schlichtweg unmöglich sind.

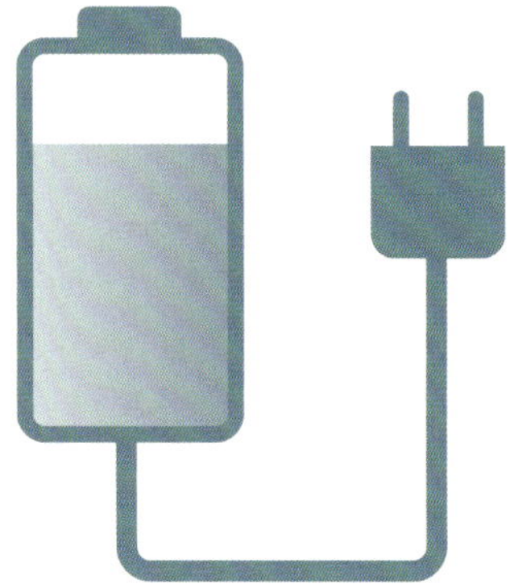

Akkuzüge – unterwegs ohne Abhängigkeit vom Stromnetz

Warum braucht es akkubetriebene Straßenbahnen, wenn es seit über 100 Jahren den netzbetriebenen Klassiker gibt? Weil Akkubahnen ohne Oberleitungen auskommen. Sie werden über Spulen im Boden oder durch Induktion an der Haltestelle geladen und speichern den Strom auf ihrem Dach.

Ich ruf mir mal ’nen Bus

Mit dem MOBIshuttle ist das schon Realität. Bald werden diese kleinen Zubringer autonom fahren können. Erste Testmodelle gibt es bereits, eins davon in Leipzig. Auf der Leiter zum autonomen Fahren befinden wir uns auf Stufe drei von fünf. Das hochautomatisierte Fahren verlangt zwar eine das Fahrzeug führende Person, die im Notfall eingreift, übernimmt aber im Grunde bereits alle Aufgaben.

»Shuttle on demand? Stimmt, das wird doch gerade in der Neustadt, in Pieschen und in Klotzsche getestet. Da kann man sich über die MOBI-App einen Bus rufen, und der holt einen ab, wo man gerade ist. Das probiere ich mal aus!«

DVB UND STADT – GEMEINSAM FÜR EIN KLIMANEUTRALES UND GRÜNES DRESDEN

Für Bau- und Verkehrsbürgermeister Stephan Kühn sind in Dresden die städtebaulichen und verkehrsplanerischen Herausforderungen der Zukunft nur gemeinsam mit den DVB zu schaffen.

Wie funktioniert die Zusammenarbeit zwischen der Stadt und den DVB?
Die Stadt Dresden arbeitet sehr eng mit den DVB zusammen. Wir vertreten eine gemeinsame Mobilitätsstrategie, planen Angebote und Infrastruktur zusammen und bauen sie anschließend.

Haben Sie dafür ein aktuelles Beispiel?
Wir planen beispielsweise zwei neue Straßenbahnlinien. Das ist zum einen die Campus-Linie von Löbtau nach Strehlen und zum anderen die Linie 5 von Johannstadt nach Plauen.

Verkehrsplanung und Stadtplanung sind also Teamwork?
Absolut. Immer, wenn wir Infrastruktur-Projekte voranbringen, tun wir das gemeinsam mit den DVB. Wenn die Verkehrsbetriebe beispielsweise Gleise tauschen, erneuern wir im Idealfall gleichzeitig die Fahrbahn.

Vor welchen stadtplanerischen Herausforderungen steht Dresden Ihrer Meinung nach in den nächsten Jahren?
Eine zentrale Aufgabe ist die Anpassung an den Klimawandel. Die DVB spielen dabei eine große Rolle. Wir haben in den Sommermonaten mit anhaltender Hitze und einer überwärmten Stadt zu kämpfen. Zugleich verzeichnen wir eine Zunahme von Starkregenereignissen. Das Wetter wird extremer, und darauf muss jede Stadt reagieren.

Wenn Sie sich ein ideales Mobilitätskonzept für Dresden wünschen könnten, wie würde es aussehen?

Für uns steht der Dresdner Mobilitätsplan 2035+ im Zentrum. Nach diesem Mobilitätskonzept müssen alle Menschen sicher, verlässlich und vor allem zu bezahlbaren Preisen ihr Ziel erreichen. Ich wünsche mir einen gesellschaftlichen Konsens über eine mobile und klimaneutrale Stadt. Wenn sich die Dresdnerinnen und Dresdner als Teil einer Mobilitätsgemeinschaft verstehen, können wir die freiwerdenden Flächen für die Gemeinschaft nutzen, um beispielsweise Erholungsräume zu schaffen.

Welche Rolle können dabei die DVB spielen?

Die DVB sind der Mobilitätsdienstleister der Stadt. Sie machen Mobilität ohne eigenes Auto möglich. Sie erweitern ständig ihr Angebot und bündeln es im MOBI-Service. Dazu gehören Leihräder, Carsharing-Angebote und seit Kurzem auch das MOBIshuttle. Dieser Mix ist eine echte Alternative zum Auto.

Wie lange begleitet Sie die Dresdner Straßenbahn eigentlich persönlich schon?

Als gebürtiger Dresdner war ich schon als kleiner Junge öfter im Verkehrsmuseum. Damals haben mich besonders die alten Straßenbahnen fasziniert. Die Tatra-Bahnen wiederum kenne ich aus meiner Kindheit. Heute sind die DVB ein multimobiles Unternehmen, in dem nicht nur Busse und Bahnen fahren. Ich nutze zum Beispiel den MOBI-Service und leihe mir dort sehr oft ein MOBIbike oder manchmal auch ein MOBIcar aus.

DVB
Wir bewegen Dresden
Freiberger
Freiberger

Semperoper
DVB
9
Grenadierkaserne
9
Taxi
frei
Chiaverigasse

BILDNACHWEIS

Archiv DVB AG: S. 6, 9 (beide), 11 (oben), 12, 13, 14, 15 (Führungszeugnis), 17, 19, 20, 21, 22, 23 (beide), 24, 25, 26, 27 (alle), 30 (beide), 32, 34, 35, 37, 38, 41 (beide), 42, 45, 46 (beide), 48, 51, 52 (rechts), 53, 55, 56, 57, 58, 59, 62, 64, 65, 66, 67, 68 (oben + Flügelwappen), 69, 80 (oben), 83 (unten), 85 (rechts), 89 (beide), 95 (beide), 96, 97 (beide), 99 (unten), 102 (oben), 113 (oben), 116 (oben), 118 (Grafik), 120 (oben), 123 (oben), 125, 132/33, 135, 137 (unten), 138, 146 (Mitte und unten)

Archiv DVB AG / Manfred Fröhlich: S. 10, 117, 120 (unten), 124, 127 (unten), 131, 134, 142 (unten), 145 (oben und Mitte)

Archiv DVB AG / Cornelia Dähn: S. 36, 99 (oben), 105 (oben)

Archiv DVB AG / James Leslie Ransom: S. 71

Archiv DVB AG / Georg Beyer: S. 72, 73, S. 76 (beide), 77 (rechts), 78, 79 (beide), 81, 82, 83 (oben), 85 (links), 86, 87 (beide), 88, 92 (unten rechts), 93 (alle drei oben)

Archiv DVB AG / Gudrun Vogel: S. 74, 105 (unten), 116 (unten), 118 (links), 119 (oben), 123 (unten)

Archiv DVB AG / Rudolf Scheibe: S. 93 (unten)

Archiv DVB AG / Eva Richter: S. 98 (oben links)

Archiv DVB AG / Eberhard Zenker: S. 94

Archiv DVB AG / Geisler: S. 100

Archiv DVB AG / Roland Herklotz: S. 102 (unten), 129 (unten)

Archiv DVB AG / Walter Küttner: S. 103

Archiv DVB AG / Heinz Buschbeck: S. 106

Archiv DVB AG / Elvira Wobst: S. 107, 119 (unten)

Archiv DVB AG / Inge Liebisch: S. 108

Archiv DVB AG / Petra Hamann: S. 114, 115 (unten), 136 (oben)

Archiv DVB AG / Thomas Seidel: S. 121 (oben), 122 (unten)

DVB AG: S. 165 (unten), 167 (unten), 172 (oben), 178 (oben), 180 (unten), 185

DVB AG / Sylva Schumann: S. 161 (oben), 163 (unten rechts), 164 (oben), 166 (unten), 172 (unten), 173 (oben), 175 (oben), 177 (oben), 178 (unten), 180 (oben), 182, 183 (unten), 184 (rechts), 187 (rechts), 188 (unten links), 189 (oben), 190 (unten), 193 (unten rechts), 194

DVB AG / Florian Graier: S. 2, 151

DVB AG / Jürgen Herrmann: S. 110, 122 (oben), 126 (beide), 128, 129 (rechts), 130, 136 (unten), 137, 139 (beide), 140 (beide), 141 (beide), 142 (oben), 143, 146 (oben), 147 (beide), 148 (beide), 150 (beide), 152, 153, 163 (unten links), 166 (oben), 170, 171

DVB AG / Claudia Spitzer: S. 121 (unten)

DVB AG / Peter Hocker: S. 144

DVB AG / Christian Schmidt: S. 145 (unten), 164 (unten)

DVB AG / Denise Wittich: S. 154

DVB AG / Maxi Elisabeth Wege: S. 176, 177 (unten), 183 (oben), 188 (oben)

DVB AG / Rico Seipel: S. 181

Straßenbahnmuseum Dresden e. V.: S. 115 (Logo)

Sozialwerk DVB AG: S. 116 (Logo)

Verkehrsmuseum Dresden: S. 165 (oben)

Sebastian Schön – stock.adobe.com: S. 8

Markus Mainka – stock.adobe.com: S. 155

DANK

Animaflora PicsStock – stock.adobe.com: S. 184 (links)

kinwun – stock.adobe.com: S. 192

Sandstein Verlag / Christian Werner: S. 43

Frank Grätz: S. 11 (unten), 15 (rechts), 16 (Pferdebahnschienen), 18, 31 (Straßenbahn), 33, 40, 47, 49 (rechts), 50 (oben), 63, 68 (unten), 70, 77 (links), 80 (unten), 84, 92 (unten links), 98 (rechts oben und unten), 101, 104, 112, 113 (unten), 127 (oben), 129 (oben links), 158, 196/197

Max Giese: S. 5

David Ausserhofer: S. 179

Anja Schneider: S. 191, 195

André Forner: S. 149, 174, 175 (unten), 193 (oben und unten links)

Denise Kamps, Azurgelb: S. 173 (unten)

SLUB Dresden / Deutsche Fotothek: S. 52 (links), S. 92 (oben)

virtual-architects.net | Damien Jdanoff: S. 160, 161 (unten), 162, 167 (oben)

Lots* Gesellschaft für verändernde Kommunikation mbH: S. 163 (oben), 189 (unten)

Robotron Datenbank-Software GmbH: S. 186

TU Dresden: S. 187

Wir haben uns intensiv bemüht, alle Inhaber und Inhaberinnen von Abbildungsrechten ausfindig zu machen. Personen und Institutionen, die weitere Rechte an verwendeten Abbildungen beanspruchen, werden gebeten, sich nachträglich mit dem Herausgeber in Verbindung zu setzen.

Wir bedanken uns herzlich bei allen, die uns mit ihrem großen Wissen und ihrer Expertise bei der Erstellung des Buchs unterstützt haben. Zudem sind wir auch all jenen dankbar, die uns für Interviews zur Verfügung gestanden haben.

Ein ganz besonderer Dank geht an Claudia Spitzer für die Erarbeitung der Liniennetzgrafiken, Sylva Schumann für die sympathischen Zeichnungen, Sven Wierick vom Straßenbahnmuseum e.V., Mario Schatz, Siegfried Hansel und Jöran Zill für ihre historischen Hinweise.

IMPRESSUM

Herausgeber
Dresdner Verkehrsbetriebe AG

Text
DIE TEXTERKOLONIE Leipzig/Dresden;
Timo von Tümpling

Redaktion
Anja Ehrhardt, Josephine Hanke, Andreas Hoppe, Christian Schmidt, Maxi Elisabeth Wege, DVB AG

Lektorat
Sina Volk, Sandstein Verlag

Gestaltung und Grafiken
Simone Antonia Deutsch, Sandstein Verlag

Liniennetzgrafiken
Claudia Spitzer, DVB AG

Illustrationen Kapitel 5
Sylva Schumann, DVB AG

Satz und Reprografie
Gudrun Diesel, Christian Werner,
Jana Neumann, Sandstein Verlag

Druck und Verarbeitung
Westermann Druck Zwickau GmbH

Schrift
Core Serif N, Helvetica Neue

Papier
enviro ahead 150 g/m² (Recycling)

Die Deutsche Nationalbibliothek verzeichnet diese Publikation in der Deutschen Nationalbibliografie; detaillierte bibliografische Daten sind im Internet über http://dnb.dnb.de abrufbar.

www.sandstein-verlag.de

ISBN 978-3-95498-701-6

DVB
DRESDNER VERKEHRSBETRIEBE AG